청소년이 꼭 알아야 할

# 시사이슈 2024

# 청소년이 꼭 알아야 할
# 시사이슈 2024

초판 2쇄 발행 2024년 8월 5일

**지은이**  최지숙 외 10명
**펴낸이**  이경민

**편집**  최지숙, 이용혁
**디자인**  이재호

**펴낸곳**  (주)동아엠앤비
**출판등록**  2014년 3월 28일(제25100-2014-000025호)
**주소**  (03972) 서울특별시 서대문구 월드컵북로22길 21, 2층
**홈페이지**  www.dongamnb.com
**전화**  (편집) 02-392-6901 (마케팅) 02-392-6900
**팩스**  02-392-6902
**이메일**  damnb0401@naver.com
**SNS**  f ⓞ blog

**ISBN**  979-11-6363-720-2 (04300)
979-11-87336-67-9 (세트)

# 청소년이 꼭 알아야 할

# 시사이슈 2024

최지숙 외 10명 지음

동아엠앤비

# "2023년 주목받은 이슈에는
# 어떤 것이 있을까?"

6월 중순 저자들이 한자리에 모였다. 이슈 선정을 위해서다. 저자들은 1인당 10개가 넘는 아이템을 내놨다. 저자들 모두 공통으로 뽑은 아이템들을 1차 선정했다. 이론의 여지가 없었기 때문이다. 나머지 아이템 선정을 위해 심도깊은 토론을 이어갔다. 찬반이 엇갈리는 아이템도 있었다. 논의에 논의를 거쳐 11개 아이템을 만장일치로 선정했다. 고교생들이 이것만은 꼭 알아야 한다는 데 의견일치를 봤다. 11개 아이템은 현장에서 직접 부딪히며 보고 듣고 느끼고 글로 쓴 감각과 지혜의 총합이다.

## ●●● 일본 후쿠시마 원전 오염수 방류

8월 24일 오후 1시 3분, 일본 후쿠시마 제1원자력발전소의 오염수 해양 방류가 시작됐다. 2011년 3월 동일본대지진 때 폭발 사고가 난 후쿠시마 제1원전에선 지하수와 빗물 등의 유입으로 방사성 물질이 포함된 오염수가 발생했다. 대지진 이후 12년여 만에 방류된 오염수를 둘러싸고 정치권은 첨예하게 대립했다. 야당은 핵 오염수 방류로 국민 생활의 안전이 위협받게 됐다고 주장했고, 여당은 과학을 근거로 오염

수 관련 괴담을 조목조목 반박했다. 일본 정부는 다핵종제거설비(ALPS)로 정화 처리하면 세슘을 비롯한 방사성 물질 대부분이 제거된다고 설명했다. 후쿠시마 원전 오염수 방류는 과학적 근거를 토대로 진행돼 안전할까, 아니면 바다 생태계와 국민들 삶에 나쁜 영향을 미칠까.

## ●●● 가짜뉴스

2016년 옥스포드사전은 세계의 단어로 '탈진실(post-truth)'을 선정했다. 진실에서 벗어난 탈진실화가 세계적으로 나타나는 시대의 특성이라고 진단했다. 우리나라에서도 가짜뉴스가 논란이 되고 있다. 윤석열 대통령은 "가짜뉴스 확산을 방지하지 못하면 자유민주주의와 시장경제가 위협받고 우리의 미래와 미래 세대의 삶 또한 위협받게 된다."고 강조했다. 가짜뉴스는 무엇이고, 왜 생산되고, 어떻게 유통되는 걸까. 가짜뉴스를 근절할 방법은 없을까.

## ●●● 한반도 신냉전

8월 18일 미국 대통령 별장에서 열린 한미일 정상회의를 계기로, 한미일 3국 협력 시대가 열렸다. 한미일 협력은 전례 없는 수준으로 격상됐다. 세 나라는 한몸이 돼 '공동의 적'인 중국, 북한의 도발에 맞서 협력 수위를 한층 높였다. '인도·태평양 지역의 새 질서', '준동맹', '아시아판 나토' 등 갖가지 평가가 나온다. 한미일 3각 동맹으로 한미일 대 북중러의 대립 구도는 한층 격화할 전망이다. 세계 유일의 분단국이면서 미중일러 4대 강국에 둘러싸인 한반도가 신(新)냉전의 최전선이 됐다. 한국은 어떤 전략으로 신냉전 체제에 대처해야 할까.

## ●●● 반도체 전쟁

　반도체는 4차 산업시대를 맞이한 오늘날 가장 중요한 물건으로 평가받고 있다. 반도체를 확보하지 못하면 경제는 물론 국가 자체를 유지할 수 없기 때문이다. 미국과 중국의 갈등이 세계를 신냉전 시대로 몰아가고 반도체 분야가 양국 경쟁의 최전선이 되면서 반도체는 각국 경제는 물론 안보의 핵심 문제로 떠올랐다. 미국과 중국은 전 세계 반도체 공급망을 자국 중심으로 재편하기 위해 투자와 압박을 동시에 가하고 있다. 지금 세계적으로 펼쳐지고 있는 '반도체 전쟁'의 실상이다. 반도체 주요 생산국인 한국 또한 이 소리 없는 전쟁의 주요 전장이다. 한국은 이 세상의 미래를 판가름할 반도체 전쟁에서 어떻게 살아남을 수 있을까.

## ●●● 연금 개혁

　우리나라는 공무원연금(1960년), 군인연금(1963년), 사학연금(1975년), 국민연금(1988년)을 기반으로 한 4대 공적연금 제도로 운영되고 있다. 가장 늦게 도입된 국민연금은 2042년 적자로 전환되고, 2057년에는 기금이 소진될 전망이다. 국민연금 등 4대 연금 개혁은 정부 출범때마다 가장 시급한 과제로 거론됐지만 보험료 인상이 불가피한만큼 늘 개혁 대상으로만 거론됐을뿐 개혁되지 못했다. 연금 개혁은 흔히 '코끼리 옮기기'에 비유된다. 크고 인기는 좋은데 막상 움직이는 게 쉽지 않기 때문이다. 윤석열 정부는 과연 만인이 납득할 수 있는 '코끼리 옮기기'에 성공할 수 있을까.

### ●●● 학교폭력

　2023년 2월 정순신 변호사 아들의 학교폭력(학폭) 사건이 '학폭 논란'에 불을 지폈다. 국가수사본부장에 임명된 뒤 아들의 학폭 사건이 수면 위로 떠오르면서 아들에게 내려진 전학 조치를 연기하고 대입을 준비하기 위해 여러 차례 행정심판과 소송을 걸었던 사실이 드러났다. 논란이 커지자 정 변호사는 본부장 정식 취임 하루 전에 사의를 표명했다. 2023년 상반기 학폭 피해자의 사적 복수 이야기를 다룬 넷플릭스 드라마 '더글로리'도 학폭 이슈를 확대했다. 고등학교 시절 학폭을 당한 피해자 동은이 자신을 괴롭혔던 무리에게 복수하는 스토리가 시청자들에게는 대리만족을 안겨줬다. 학폭, 근절될 수 있을까.

### ●●● 그림자 아동

　세상에 태어났지만 존재를 인정받지 못하는 아이들이 있다. 출생 신고가 되지 않은 '그림자 아동'들이다. 출생 신고는 행정적 절차인 동시에, 국가로부터 그 존재를 공식적으로 인정받는 의미도 있다. 국민으로서 인간다운 삶을 누릴 첫 단추가 되는, 아동의 권리다. 그러나 그림자 아동들은 정상적인 아동의 권리를 누리지 못한 채, 사각지대에 방치되거나 학대 등의 위험에 놓여 있다. 어느 누구의 보호도 받지 못하는 가운데 소중한 생명마저 침해당하는 끔찍한 비극도 이어지고 있다. 그림자 아동들의 유기 사건이 잇따르는 가운데 의료기관이 출생사실을 통보하도록 하는 '출생통보제'가 최근 국회 본회의를 통과했다. 축복받아야 할 생명을 보호하기 위해 우리 사회는 어떤 준비가 필요할까.

## ●●● 학생인권과 교권

　서울 서초구 서이초등학교 교사의 극단적 선택이 여름을 더욱더 뜨겁게 달궜다. 서이초 교사의 49재인 9월 4일, 공교육이 멈췄다. 전국 교사들은 이날 '공교육 멈춤의 날'을 선언하고, 추모 집회에 참석했다. 전국교직원노동조합 등 일부 교원단체가 주도했던 것을 제외하고 교사들이 자발적으로 연가나 병가를 내고 출근하지 않은 것은 공교육 역사상 처음이었다. 교권 침해 문제가 부각되면서 학생인권조례를 둘러싼 찬반 논란으로 번졌다. 정부는 교권 추락의 한 원인으로 학생인권조례를 지목한 반면, 진보성향 교육감과 교육단체는 학생 인권과 교권은 상반된 개념이 아니라고 맞섰다. 교권과 학생인권은 반비례 관계일까, 상호 보완 개념일까.

## ●●● 저출산, 인구감소, 지방소멸

　대한민국에서 아기 울음 소리가 사라지고 있다. 통계청의 '2022년 출생·사망 통계'에 따르면 2022년 출생아는 24만 9,000명으로 1년 전보다 1만 1,500명 감소했다. 1970년 통계 작성 이후 가장 적은 규모로, 연간 출생아가 25만 명 아래로 떨어진 건 처음이다. 한 여성이 평생 낳을 것으로 기대되는 '합계출산율'도 세계 꼴지 수준이다. 이미 인구 감소를 겪고 있는 지방 소도시는 사라질 인구조차 없는 사실상 '소멸' 단계에 접어들 것으로 예측되고 있다. 2050년 초고령화사회 진입을 앞둔 우리나라에서 지방의 문제는 더 이상 '노화'가 아닌 '소멸'을 마주하고 있다. '저출산→인구감소→지방소멸'의 순환 고리를 끊을 방법은 없을까.

## ●●● 챗GPT

　미국의 인공지능 스타트업 오픈AI는 2022년 11월 30일 '챗GPT'를 공개했다. 출시 두 달 만에 사용자 수가 1억 명을 돌파하며 파란을 일으켰다. 챗GPT는 인공지능 기반의 챗봇과 달랐다. 챗봇은 사람이 아닌 로봇이나 기계와 대화하는 듯한 부자연스러움 때문에 일상생활이나 산업계에서 활용도가 미미했다. 하지만 챗GPT는 마치 진짜 사람과 이야기하는 듯한 착각을 줄 정도로 답변이 그럴듯해 사람들을 놀라게 했다. 챗GPT의 미래는 어떨까? 우리나라는 'AI 주권'을 빼앗기지 않을 수 있을까.

## ●●● PC주의

　디즈니의 실사판 영화 '인어공주'가 쏘아올린 PC 논쟁이 전 세계를 뒤덮고 있다. PC는 Political Correctness의 약자로, 통상 '정치적 올바름'으로 풀이된다. PC는 여성·장애인·흑인·빈곤층 등 사회적 약자와 소수자에 대한 차별적 언어 사용이나 활동에 저항해 그것을 바로잡으려는 운동이나 철학을 가리킨다. 2024년 치러질 미국 대통령 선거에서 PC 대 '반(反) PC'가 최대 쟁점으로 떠오른 가운데, 한국도 PC 전쟁에서 방관자의 입장이 아니게 되었다. PC주의가 우리 사회를 좋은 방향으로 바꾸는 원동력이 될 수 있을까.

최지숙

연합뉴스TV 기자

## 차례

# 후쿠시마 원전 오염수 방류

## 홍기삼

뉴스1 기자

고등학교 2학년 때부터 기자를 꿈꿨다. 지리교사였던 아버지 덕분에 집에 가득했던 미국 잡지 《National Geograpic》를 보며 세계를 누비는 기자를 동경했다. 영화 '살바도르'를 보며 종군기자를 선망했다. 한국외대 영자신문(The Argus)에서 학생기자를 했다. 대학 졸업 후 1997년부터 기자생활을 시작했다. 머니투데이를 거쳐 2011부터 뉴스1에서 일하고 있다. 청와대팀장, 법조팀장, 사건팀장, 사회부장, 사회정책부장, 바이오부장, 마케팅총괄 등을 역임했다. 여전히 현장기자를 꿈꾼다.

ISSUE

**1**

# 후쿠시마 원전 오염수 방류

일본 후쿠시마 제1원자력발전소 오염수 해양 방류가 올 여름에 시작됐다. 지난 2011년 3월 동일본대지진 때 폭발 사고가 난 후쿠시마 제1원전에선 지하수와 빗물 등의 유입으로 방사성 물질이 포함된 오염수가 발생했다. 도쿄전력은 이 오염수를 다핵종제거설비(ALPS)로 정화해 원전 부지 내 저장탱크에 보관해 왔다. 일본 정부와 도쿄전력은 ALPS로 정화 처리하면 세슘을 비롯한 방사성 물질 대부분이 제거된다고 설명하고 있다. 다만 이 설비를 이용해도 삼중수소(트리튬)는 걸러지지 않는다. 이에 따라 한국과 중국을 비롯한 주변국과 일부 태평양 섬나라, 원전 주변 어민들은 우려를 표명하며 논란이 가중됐다.

## ◆ 결국 태평양으로 흘러간 일본 원전 방사능 오염수

일본 도쿄전력(TEPCO)은 8월 24일 오후 1시 3분 후쿠시마 제1 원자력발전소에 저장 중이던 방사능 오염수를 방류하기 시작했다.

도쿄전력은 오염수 안에 포함된 삼중수소 등 방사성 물질의 농도를

▲ 2007년 후쿠시마 원전. 2011년 동일본 대지진이 일어나기 전의 모습이다.
© 도쿄전력(TEPCO)

리터당 해수 1,200톤으로 희석해 리터당 1,500베크렐(Bq) 미만으로 낮춰 방류했다. 첫 해양 방류에 앞서 지난 22일부터 실시된 방사성 물질 농도 측정 검사에서는 리터당 63Bq의 삼중수소가 검출돼 기준치를 충족했다.

오염수는 해저터널을 통해 원전에서 1㎞ 떨어진 앞바다의 방류구를 통해 방출됐다. 이날부터 17일 동안 매일 460톤씩, 총 7,800톤이, 올해 연말까지 4번에 걸쳐 총 3만 1,200톤의 오염수가 바다로 흘러 들어간다.

2023년 연말까지 방출되는 삼중수소의 총량은 약 5조Bq로 예상된다. 연간 상한치인 22조Bq의 20% 수준이다.

도쿄전력은 "불안하거나 이상한 점이 있으면 바로 (방류를) 중단하겠다."며 안전을 제일 원칙으로 방류하겠다고 재차 강조했다. 가령 진도 5약(弱)보다 강한 지진이 나거나 방사성 물질 수치에 이상이 발견되는 등 긴급시에는 이송 배관 2곳에 설치된 긴급 차단 밸브가 해양 방출을 일시 중단한다.

도쿄전력은 누리집(홈페이지)을 통해 오염수 방류 진행 상황, 희석된 삼중수소 농도 등 관련 정보 등을 실시간으로 공개했다. 특히 8월 한 달 동안 인근 제1원전 인근 해역에서 매일 해수를 샘플 채취해 방사성 물질 농도를 측정해 공표했다.

2023년 8월 3일 기준 후쿠시마 제1원전에는 오염수 약 134만 톤이 보관돼 있으며 전부 방출될 때까지는 30년이 더 걸릴 전망이다.

아사히신문은 도쿄전력은 원자로를 해체하는 '폐로' 과정 마감 기한으로 상정한 2051년까지는 방류가 끝날 수 있도록 계획을 연도별로 책정할 방침이라고 보도했다.

## ◆ 오염수의 출발, 동일본대지진

2011년 3월 11일 금요일 오후 2시 45분 일본 역사상 가장 강력한 대지진이 일본 동부 해안을 강타했다. 규모 9.0의 지진은 너무 강력해서 지구를 축에서 벗어나게 할 정도였다. 당시 지진으로 1만 8,000명 이상이 사망했고, 하루 아침에 한 마을이 지도에서 사라졌다. 지진은 거대한 쓰나미를 동반하면서 순식간에 태평양 연안 마을들을 덮쳤다.

이때 큰 타격을 입은 후쿠시마 제1원전에서 방사능이 다량 누출됐다. 당시 당국은 원자력발전소 주변 주민 15만 명을 대피시켰다.

10여년이 지난 지금도 사고 지역은 여전히 그대로 남아있으며, 주민들은 여전히 돌아오지 않았다. 당국은 이곳을 정상 상태로 복원하기까지 40년까지 걸릴 수 있다고 발표했다. 일본은 이미 이 작업에 수조 엔의 비용을 들였다.

## ◆ 지진, 후쿠시마 원전 폭발로 극대화

동일본대지진 진앙지로부터 인접한 해변에 있는 후쿠시마 제1원전과 제2원전 등 4개 원자력발전소 부지가 직접 또는 간접적인 영향을

▲ 2013년 4월 후쿠시마 원전의 작업자들이 지하수(오염수) 저장고에서 일하는 모습. 2가지 유형의 지상 저장 탱크가 보인다.

© Greg Webb / IAEA

받았다. 당시 운전 중이던 후쿠시마 제1원전의 1~3호기와 제2원전의 1~4호기, 오나가와 원전의 1~3호기, 도카이 원전의 2호기 등 11기가 강진을 감지해 자동으로 정지됐다.

가장 큰 피해는 후쿠시마 제1원전에서 발생했다. 지진이 발생한 지 약 52분 뒤에 높이 14~15m의 쓰나미가 도달해 정기검사로 정지 중이던 4~6호기까지 6기의 원전 건물이 모두 4~5m 높이로 침수되었다. 이로 인하여 전원이 끊긴 뒤 비상용 발전기까지 정지되는 등 모든 교류 전원을 상실해 냉각장치도 작동하지 않아서 원자로 노심(爐心)을 식혀 주는 냉각수 유입이 중단됐다.

그 결과 핵연료가 용융하고 수소가 발생해 3월 12일 1호기에서 수소폭발이 일어난 데 이어 3월 14일에는 3호기, 3월 15일에는 2호기와 4호기에서 잇달아 수소폭발이 발생하면서 원자로 격벽이 붕괴되어 다량의 방사성 물질이 누출됐다.

냉각장치가 작동하지 않음에 따라 3월 13일부터 냉각수 대신 뿌린 바닷물이 방사성 물질을 머금은 '오염수'로 누출되었다. 3월 24일 3호기 터빈실 주변에서 정상적으로 운전할 때의 원자로 노심보다 1만 배나 농도가 높은 방사성 물질이 검출됐다. 오염수 처리 문제가 시급해 짐에 따라 일본 정부는 4월 4일에서 10일까지 저농도 오염수를 바다로 방출하였다. 4월 12일 일본 정부는 후쿠시마 제1원전의 사고 수준을 7등급으로 격상한다고 공식 발표하였는데, 이는 원자력 사고의 최고 위험단계로서 1986년 구 소련에서 발생한 체르노빌 원자력발전 사고와 같은 등급이다.

방사성 물질 누출로 인해 후쿠시마 제1원전 부지 내의 토양에서 핵무기 원료인 플루토늄까지 검출되었고, 원전 주변에서는 요오드와 세슘 외에 텔루륨·루테늄·란타넘·바륨·세륨·코발트·지르코늄 등 다양한 방사성 물질이 검출됐다. 이는 핵연료봉 내 우라늄이 핵분열을 일으킬 때 생기는 핵분열 생성물들이기도 하다. 또한 후쿠시마 토양에서는 골수암을 유발하는 스트론튬이 검출되기도 하는 등 심각한 방사능 오염 상태를 보였다.

이러한 방사성 물질은 편서풍을 타고 상당량이 태평양쪽으로 확산되어 육지 생태계에 미친 영향은 적었으나 방사능이 다량 누출된 날의 풍향에 따라 원전 북서쪽 지역의 오염이 상대적으로 심하게 나타났다. 이 사고의 방사능 누출로 인하여 한국에서도 극미량이지만 요오드-131과 같은 방사성 원소가 대기 중에서 검출되기도 했다. 이 사고로 인한 방사성 물질 누출량은 체르노빌 원자력발전 사고의 누출량에 비하여 약 10~15% 수준인 것으로 알려졌으며, 수소폭발 이후에는 대기 중으로 방사성 물질이 다량 누출되는 일은 발생하지 않았다.

2012년 4월 일본의 전기사업법에 따라 제1원전의 1~4호기가 폐로됐으며, 중장기 과제로 이후 수십 년에 걸쳐 연료봉 추출, 오염수 처리 시설 설치, 오염된 토양 정화 및 원자로 폐로 작업을 추진한다.

후쿠시마 제2원전도 일부가 침수되어 4기가 모두 자동 정지되었으나, 침수 상태가 경미하고 외부 전원이 공급되어 신속히 회복되었다. 냉각장치 고장으로 방사능 누출 가능성이 높아져 반경 3㎞ 이내의 주민들에게 피난 지시를 내렸으나, 3월 14일 냉각 기능을 회복했다.

위해 핵무기 비보유국의 핵물질 관리실태를 점검하고 현지에서 직접 사찰할 수 있다.

한국은 1957년도에 가입했고, 북한은 1974년에 가입했다. 특히 북한은 1993년 2월 IAEA가 특별핵사찰을 요구한 데 대해 NPT 및 IAEA 탈퇴를 선언, 국제연합 안전보장이사회로부터 제재를 받을 위기에 몰렸다가, 1994년 미국과 경수형원자로에 대한 합의가 이루어지면서 IAEA 탈퇴문제는 해소됐다.

2012년 현재 회원국은 154개국이며, 본부는 오스트리아 빈에 있다. 이 기구는 핵무기 확산을 방지하고 평화적 이용에 공헌한 공로로 당당시 IAEA 사무총장 모하메드 엘바라데이와 함께 2005년에 노벨 평화상을 수상했다.

## ✦ 오염수 처리와 관련된 궁금증들

### ◈ ALPS를 거치면 안전한가

방류가 시작되면 현재 탱크에 보관된 오염수가 ALPS를 거쳐 바닷물과 섞는 희석 절차를 마친 후 터널을 통해 배출된다. ALPS는 후쿠시마 원전 사고 문제 해결을 위해 일본 기업이 개발한 설비로 흡착 물질을 이용해 방사성 물질을 걸러낸다. IAEA는 최종 보고서에서 "ALPS 처리를 거친 오염수는 인체에 위험하지 않다."고 강조했다. ALPS 설비를 거칠 경우 삼중수소 이외에 방사성 물질은 남지 않는다는 것이다.

일본은 ALPS 처리 후에 삼중수소와 핵종 29종 등 총 30종을 측정·평가할 계획이다. 여기에는 스트론튬과 세슘 등 주요 방사성 물질이 포함돼 있는데 ALPS를 거치면 이런 물질이 기준치 밑으로 떨어진다는 것을 IAEA가 확인했다. IAEA는 또 도쿄전력이 원전 인근 해역의 넙치, 게, 갈조류(미역과 같은 갈색 조류) 등에 대한 방사성 노출 정도를 평가한 부분도 들여다봤다. IAEA는 "오염수 노출을 상정해 시뮬레이션한

일본의 결과를 검증해 보니 넙치나 게, 미역 모두 후쿠시마 원전의 오염수에 장기간 노출돼도 국제 안전 표준을 넘지 않는 것으로 확인됐다.”고 했다.

### ◈ 걸러지지 않는 삼중수소는 문제가 없나

ALPS 처리를 거쳐도 방사성 물질 가운데 삼중수소는 거를 수 없다. 그러나 IAEA는 최종 보고서에서 “독립적인 샘플 채집과 교차 검토를 거쳐 ALPS 처리와 희석 단계를 거치면 삼중수소의 농도가 인체에 영향을 미치는 수준 이하로 내려가는 것을 확인했다.”고 했다. IAEA는 ALPS로 처리한 오염수에 100배에 달하는 해수를 섞어 희석 후 방출할 경우 삼중수소의 농도가 1L당 1,500Bq 이하로 떨어지는 것으로 확인됐다고 설명했다. 세계보건기구(WHO)가 정한 삼중수소의 음용 기준은 1L당 1만Bq인 반면 처리 이전인 후쿠시마 오염수의 삼중수소 농도 평균은 1L당 62만Bq 수준으로 알려졌다.

### ◈ 방류된 오염수, 한국에 영향 미치나

최종 보고서에서 IAEA는 처리 후 한국 등 먼바다로 흘러간 오염수에서 삼중수소를 탐지하는 것이 거의 불가능할 것으로 내다봤다. IAEA는 “태평양에 자연적으로 존재하는 삼중수소의 양은 1L당 0.1~1Bq 수준인데 해양 분산 모델링을 통해 예측한 결과 자연 농도 이상의 삼중수소가 유지되는 것은 배출 지점에서 3㎞ 이내로 제한됐다.”고 했다.

IAEA는 ALPS 처리된 오염수가 파이프 고장 또는 탱크 고장으로 희석 없이 유출될 경우를 가정한 분석도 내놨다. 이에 대해 IAEA는 “이런 상황에서 해산물을 장기간에 걸쳐 다량 섭취하는 경우를 가정해도 방사성 물질 피폭 정도가 연간 5mSv(밀리시버트)의 100분의 1에 불과하다.”고 했다. 통상 우리나라 성인은 1년간 약 3~5mSv의 방사선을 받고 있다.

### ◈ 오염수 바다 방류밖에 답이 없나

오염수를 처리하는 방법은 크게 5가지가 있다. 해양 방출과 수증기 방출, 전기분해 수소 방출, 지하 매설, 지층 주입이다. IAEA는 보고서에서 "5가지 방법 가운데 해양 방출과 수증기 방출이 가장 실현 가능성이 높다."고 했다. 나머지는 기술이나 시간적인 측면에서 쉽지 않다는 것이다. 수증기로 방출하는 방법은 대기 중에 흩어진 방사성 물질을 추적하는 것이 어렵다는 단점이 있다. 또 대기 중의 방사성 물질이 비나 눈으로 육지에 떨어질 수도 있다. 이 때문에 일본이 선택할 수 있는 것은 사실상 해양 방류뿐이다. 정용훈 KAIST 교수는 "땅에 묻더라도 대기 중으로 증발하기 때문에 피폭이 더 크다."며 "추적이 쉽지 않고 결국 바다로 간다."고 말했다.

### ◈ 오염수 처리 후 사고 원전은 어떻게 되나

일본 정부는 오염수 방류가 순조롭게 진행되면 후쿠시마 원전 폐로(閉爐) 작업을 시작할 계획이다. 오염수 방류가 폐로 작업의 첫발인 셈이다. 원전 부지에 저장되어 있는 오염수를 처리하고 나면 오염수 저장 탱크 수를 줄이면서 방사성 물질에 오염된 토지를 복원하고 녹아내린 핵 연료를 제거하는 과정 등을 거친다.

후쿠시마 원전 인근은 사고 이후 지금까지 통행이 제한돼 있다. 약 3만 명이 후쿠시마 밖으로 피난해 있고 귀환을 포기한 사람 등을 합하면 약 10만 명 이상이 고향으로 돌아가지 못하는 것으로 알려졌다. 하지만 오염수 방류에만 30년이 예정돼 있고, 사고 원전의 폐로 기술도 아직 완전히 개발되지 않아 상당한 시일이 필요할 전망이다.

## ✦ 정부는 '괴담과의 전쟁'

일본의 후쿠시마 오염수 방류 계획에 대해 야당의 공세가 계속되자 정부는 지난 7월 12일 '후쿠시마 오염수 10가지 괴담'이라는 책자를 펴냈다. 정부가 일일 브리핑까지 하고 있지만, 사실과 다른 내용들이 여전히 반복·확산되고 있기 때문에 이를 바로잡겠다는 것이다. 책자는 전국 주민센터와 공공 도서관, 정부 웹사이트 등에 배포된다.

'방류된 오염수가 방사능 물질 범벅'이라는 주장에 대해 정부는 "일본은 방사성 물질인 삼중수소를 1L당 1,500Bq 이하로 떨어뜨려 배출할 계획"이라며 "우리가 일상에서 접하는 방사성 물질보다 적다. 커피한 잔에는 4,900Bq, 바나나 하나에는 6,000Bq만큼의 방사성 물질이 들어 있다."고 설명했다.

'방류된 오염수가 3개월 뒤 우리 바다를 덮친다'는 주장에 대해서도 정부는 "방출된 오염수는 해류를 타고 태평양을 가로질러 캐나다로 갔다가 미국 서부 해안, 하와이, 필리핀, 대만, 일본 남쪽을 거쳐 마지막으로 한반도에 오고, 보통 4~5년, 최대 10년이 걸린다."며 "해류를 모르는 사람들이 만든 가짜 뉴스"라고 했다. 정부는 "2011년 후쿠시마 원전 사고 당시 고농도 오염수가 하루 300톤씩 그대로 태평양에 방출됐지만, 지난 12년간 남해·동해의 방사능 수치는 큰 변동이 없었다."고도 설명했다. 방사능 오염수가 우리 바다를 오염시킬 수 있었다면 지난 12년 새 이상이 생겼어야 한다는 것이다.

'후쿠시마 서식 우럭이 우리 바다까지 헤엄쳐 온다'는 괴담도 있었다. 이에 대해 정부는 "어류는 서식지가 분리돼 있고 수온에 극도로 민감해, 올 가능성은 희박하다."고 반박했다. 또 "(원전 사고가 일어난) 2011년 3월부터 현재까지 국산 수산물에 대한 방사능 검사에서 안전 기준을 초과한 사례는 전혀 없었다."며 "우리 수산물을 안심하고 드셔도 된다."고 했다. '천일염이 오염될 것'이란 주장에 대해선 "삼중수소는 물과 함께 증발한다."며 "천일염은 물을 증발시켜 만드는 것이므로 삼중수소가 남아 있을 수 없다."고 했다.

일본이 오염 처리수를 방류하기 시작하면 우리나라가 후쿠시마산 수산물을 수입하기 시작할 것이라는 주장도 떠돈다. 이에 대해 정부는 "오염수 방류와 관계없이 앞으로도 정부는 국민이 안심하기 전까지

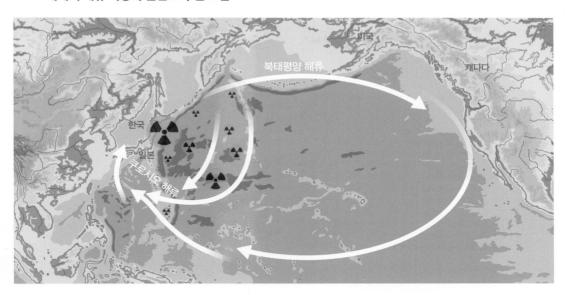

북태평양 해류

미국

캐나다

한국

일본

쿠로시오 해류

▲ 일본이 13일 후쿠시마 원전 오염수를 해양에 방류하기로 결정해 우리나라와 중국 등의 여론이 크게 반발하고 있다.

이 지역 수산물을 절대 수입하지 않을 것"이라고 강조했다.

또한 정부는 "오염수를 기준에 맞게 희석해 방류하는 것은 국제적으로 사용되는 방식으로, 원전을 보유한 모든 국가에서 시행되고 있다."며 "1L당 삼중수소 배출 허용치는 미국이 3만 7,000Bq 미만, 한국이 4만 Bq 미만 등으로, 후쿠시마 원전 오염수는 이보다 훨씬 낮은 1,500Bq 이하로 낮춰 30년간 나눠 방류하게 된다."고 설명했다. 한편으로는 오히려 중국이 자체적인 배출 기준치를 공개하지 않고 있다고 덧붙여 소개했다.

IAEA가 일본의 방류 계획이 안전하다고 평가한 것을 두고 야권에서는 'IAEA가 일본을 편든 것'이라고 한다. 이에 대해 정부는 "IAEA 검증 팀에는 일본인이 없고, 우리나라·스위스·중국·프랑스 등의 전문가들만 참여하고 있다."고 반박했다. 또 IAEA와 별도로 우리 정부가 일본의 방류 계획과 시설, 오염 처리수의 안전성을 검증하고 있다고 밝혔다.

# 한반도
# 신냉전

## 권영은
한국일보 기자

세상을 향한 관심을 놓지 않고자 기자가 되기로 결심했다. 2011
년 한국일보에 입사해 사회부, 정책사회부, 기획취재부, 산업부,
지역사회부, 문화부를 거쳐 국제부에서 일하고 있다. '확신시키기
보다는 이해하자'는 게 모토다.

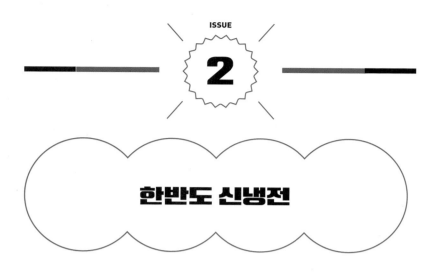

# 한반도 신냉전

"우리는 오늘 한미일 협력의 새로운 장을 열었다."

윤석열 대통령은 8월 18일 미국 대통령 별장인 캠프 데이비드에서 열린 한미일 정상회의 후 공동기자회견에서 이같이 말했다. 한미일 3국 협력의 새 시대를 선언한 것이다. 이날 윤 대통령과 조 바이든 미국 대통령, 기시다 후미오 일본 총리는 '캠프 데이비드 원칙' '캠프 데이비드 정신' '한미일 3자 협의에 대한 공약' 등 3개 문건을 통해 군사뿐 아니라 경제, 기술, 공급망까지 아우르는 포괄적 연대와 협력에 합의했다.

한미일 협력은 전례 없는 수준으로 격상됐다. 세 나라는 한몸이 돼 '공동의 적'인 중국, 북한의 도발에 맞서 협력 수위를 한층 높였다. '인도·태평양 지역의 새 질서', '준동맹', '아시아판 나토' 등 갖가지 평가가 나온다.

하지만 우려도 적잖다. 한미일 대 북중러의 대립 구도는 한층 격화할 전망이다. 세계 유일의 분단국이면서 미중일러 4대 강국에 둘러싸인 한반도가 신(新)냉전의 최전선이 됐다.

윤석열 대통령이 8월 18일
미국 캠프 데이비드에서 열린
한미일 정상 공동기자회견에서
발언하고 있다. 왼쪽부터 윤
대통령, 조 바이든 미국 대통령,
기시다 후미오 일본 총리.
ⓒ 로이터

## ◆ 한미일 협력의 새 시대 선언

윤석열 정부는 매년 3국 정상회담을 최소 한 차례 이상 열기로 '정
례화'한 것을 최대 성과로 내세운다. 정상뿐 아니라 국가안보보좌관·
외교·국방·산업장관 등 회의도 제도화했다. 3국 군사훈련도 연례적으
로 실시하기로 합의했다.

한미일이 ①중국의 팽창과 북한의 핵·미사일 도발에 공동 대응하겠
다는 데 방점이 찍혔다. 3국 협력은 나아가 ②한반도를 넘어 인도·태
평양 지역으로 확대됐다. 기존 한미일 협력은 현안이 발생했을 때 비
정기적으로 가동되거나 한미동맹, 미일동맹의 틀 속에서 미국이 주도
하는 3국 안보 협력을 추진해 왔다면 이번 정상회의를 계기로 ③한미
일 '3자 틀'이라는 새로운 안보 협력 체계가 갖춰졌다.

무엇보다 이번 합의는 대한민국 외교의 큰 전환점으로 평가된다. 문

촉구하기를 희망했다."고 전했다.

정리하면 이번 한미일 협력은 △미중 패권 경쟁의 심화 △북한의 핵·미사일 위협 고조 △러시아의 우크라이나 침공 등 달라진 지정학과 안보 환경에 대한 대응 성격이 강하다. 한미일을 묶어 '중국의 위협'에 대응하고자 했던 미국의 구상이 마침내 완성된 것이다.

## ◆ 결국 '중국'을 겨눴다

3국은 중국 견제 의도를 확실히 했다. 바이든 행정부는 한미일 협력이 중국을 겨냥한 게 아니라면서도 공동성명(캠프 데이비드 정신)에는 '국제질서를 저해하는 주체'로 중국을 처음 명시했다.

3국 정상은 "남중국해에서의 중국에 의한 불법적 해상 영유권 주장"을 비판하고 "대만해협에서의 평화와 안정"을 강조했다. 바닷길 선점을 위한 중국의 남중국해 영유권 주장과 시진핑 중국 국가주석이 추구하는 대만 통일 시도에 반대 의사를 명확히 한 셈이다.

중국은 "2,000년 전 중국 영해였다."면서 1940년대 남중국해에 일방적으로 가상의 해상 경계선인 '남해구단선'을 그었다. 세계 주요 해상 교통로인 남중국해를 둘러싼 필리핀과의 영토 분쟁의 시작이다. "중국의 남해구단선 주장에는 아무 법적 근거가 없으며 국제법 위반"이라는 국제사회 비판에도 중국은 아랑곳 않고 있다.

대만 문제는 중국이 가장 민감하게 반응하는 이슈다. 포기할 수 없는 중국의 '핵심 이익'이자 넘어서는 안 되는 '레드 라인'이다. 중국은 '하나의 중국' 원칙 하에 대만을 독립 국가로 인정하지 않고 있다.

중국 전투기와 정찰기는 무시로 대만해협을 비행하고, 중국 군함들은 무력 시위를 벌이며 평화선인 중간선을 넘어 위협한다. 때문에 미국의 군 수뇌부나 안보전문가들 사이에서 중국의 대만 침공 시나리오가 끊이지 않고 흘러나온다. 대만해협에서의 무력 충돌 가능성은 늘 상존하고 있다.

## 일제 강제징용손해배상 청구부터 공식해법 발표까지

**1997.12.24** 여운택·신천수 할아버지 일본 오사카지방재판소에 신일본제철
(현 신일철주금)을 상대로 강제징용 손해배상청구 소송 제기

**2003.10.9** 일본 최고재판소, 원고 패소 확정

**2005.2.28** 여운택·신천수·이춘식·김규식 할아버지 서울중앙지법에 신일철주금을
상대로 강제징용 손해 배상청구소송 제기

**2018.10.30** 대법원, 여운택 할아버지 등 4명 승소 판결확정. '신일철주금이
강제징용피해자 에게 각각 1억 원을 배상해야한다'고 최종결론

**11.29** 대법원, '미쓰비시중공업이 피해자들 에게 배상하라'판결

**2019.1.2** 강제징용 피해자들, 신일철주금 한국내 자산 압류 강제집행 신청

**6.19** 한국 정부, 일본에 한일기업의 자발적 출연금으로 재원조성해 배상 방안 제안

**7.1** 일본, 불화수소 등 3개 품목 한국 수출규제

**8.2** 일본, 수출절차 간소화 혜택을 인정하는 '백색국가서 한국 제외

**11.26** 문희상 국회의장, 한일 양국 정부·기업·국민이 참여하는 기억인권재단
설립을 통해 강제징용피해자에게 위자료 지급 제안

**2022.7.4** 한국 정부, 강제징용 배상 해법 모색 위한 민관협의회 출범

**11.13** 한일정상, 캄보디아 프놈펜 정상회담에서 강제징용 배상 등 현안 조속 해결
공감대

**2023.1.12** 강제징용 해법 의견청취 위한 정부 주도 공개토론회 개최

**3.6** 한국 정부, '제3자 변제 골자로 하는 강제징용 배상해법 발표

고 강조했다. 같은 날 기시다 총리는 2차 세계대전 A급 전범이 합사된 야스쿠니신사에 공물을 봉납했다. 현직 각료의 야스쿠니신사 참배는 이날도 이어져, 2020년 이후 4년 연속 계속 됐다.

우리 측 결단에도 일본의 성의 있는 조치가 미흡하는 지적이 나올 수밖에 없는 대목이다. 일본은 독도 영유권 주장도 되풀이했다. 지난 4월 공개된 외교청서(외교백서)를 통해 "다케시마(일본이 주장하는 독도 명칭)는 역사적 사실에 비춰봐도 국제법상으로도 명백한 일본 고유의 영토"라며 "한국은 경비대를 상주시키는 등 국제법상 아무런 근거 없이 다케시마를 불법 점거하고 있다."고 밝혔다.

교과서 악재도 비껴가지 않았다. 일본 문부과학성은 지난 3월 초등학교 3~6학년 교과서 검정 및 심사 결과를 발표했다. 조선인 강제 노역 등 관련해 '징병'을 '참가'로, '끌려왔다'를 '동원됐다'로 바꿔 강제성을 희석시키고, 독도는 일본 고유 영토라고 못 박았다.

정리되지 않은 과거사 문제가 거듭 불거질수록 일본에 대한 국내의 부정적 여론은 누적될 수밖에 없다. 한미일 공조의 뿌리가 흔들리게 된다. "일본도 성의를 보여야 진정한 한미일 협력의 새 시대가 열릴 수 있다."는 목소리가 높아지는 이유다.

# ISSUE

# 3

# 칩(반도체) 전쟁

* * *

## 김남중

국민일보 기자

대학 졸업 후 국민일보에 입사해 25년 넘게 일하고 있다. 경제, 사회, 정치, 편집, 탐사, 국제 등 여러 부서를 거쳤다. 문화부에서 일한 시간이 가장 길어 10년이 넘는다. 현재 문화체육부 선임기자로 출판·문학 분야를 담당하고 있다. 매주 새로 나오는 책들을 받아보며 좋은 책과 작가들을 발견하고 소개하는 일을 하며 월급을 받는다.

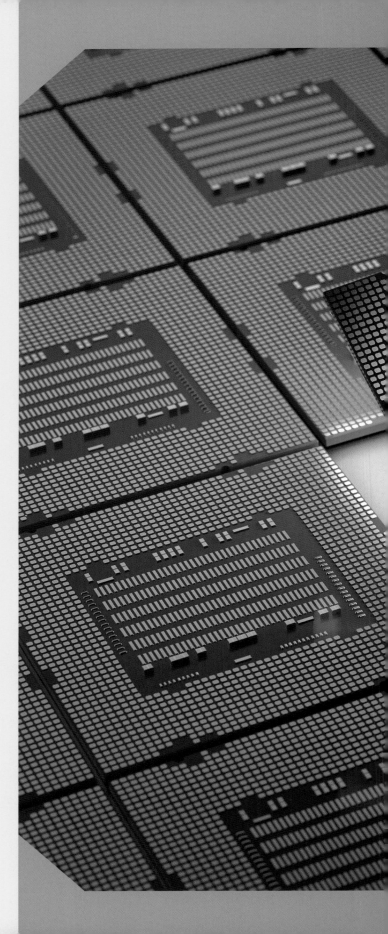

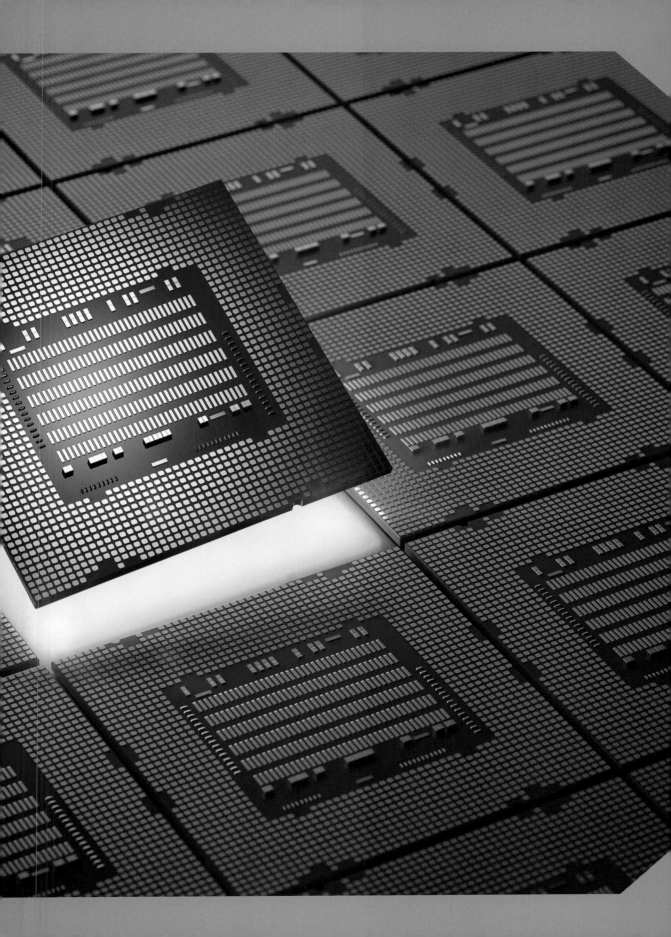

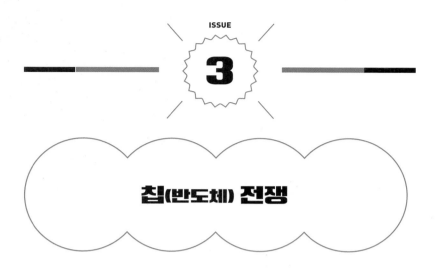

# 칩(반도체) 전쟁

반도체는 흔히 '21세기의 쌀'이나 '21세기의 새로운 석유'로 불린다. 하지만 이런 비유는 충분하지 못하다. 미국의 국제 정치 전문가 크리스 밀러는 책 『칩 워』에서 "오늘날 반도체는 핵이나 석유보다 더 중요하다."고 말했다. 영국의 경제신문 파이낸셜 타임스는 세계 최대의 반도체 회사인 대만의 TSMC를 "세계 경제를 움직이는 린치핀"이라고 평가했다. 린치핀은 수레나 마차의 바퀴가 빠지지 않도록 고정하는 핀을 말하는데, TSMC가 없다면 세계 경제가 주저앉고 말 것이라는 의미다. 이창한 한국반도체산업협회 상근부회장은 이렇게 말했다. "미래는 지능사회다. 지능사회를 구성하는 단 하나의 핵심 요소는 반도체다."

## ✦ 반도체는 왜 그토록 중요한가

반도체는 21세기 세계에서 가장 중요한 물건이라고 할 수 있다. 반도체 공급에 문제가 생겼을 때 세계에 어떤 일이 벌어지는지는 코로나19 팬데믹 속에서 경험한 바 있다. 재택근무 등으로 반도체 수요가 급

요를 충족시켜야 한다. 원재료, 설계, 장비, 제조 등을 포괄하는 반도체 공급망 전체를 놓고 볼 때 미국은 39%, 한국은 16%, 대만은 12%를 점하고 있다. 중국 기업은 6%를 겨우 차지하고 있다.

하지만 중국에게는 거대한 반도체 시장과 막대한 국가 지원 그리고 이미 토착화된 기술이 있다. 중국은 현재 중간 기술 반도체의 생산을 늘리고 있고, 자체 반도체 생태계를 만들고 있다. 문제는 기술적 수준이 그리 높지 않다는 것이다.

**▬●━○ 미, 대중국 반도체 수출통제 조치 주요 내용**

**반도체장비** 10월 7일부터 발효

특정 기술수준*의 반도체를 생산할 수 있는 장비·기술을 중국 기업 및 중국 소재 공장에 수출하는 경우 별도 허가 필요

* D램: 18nm(나노미터·10억분의 1m) 이하
* 낸드 플래시: 128단 이상
* 로직칩: 핀펫(FinFET) 기술 등 사용(16nm 내지 14nm)

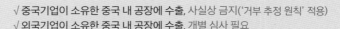

√ 중국기업이 소유한 중국 내 공장에 수출, 사실상 금지('거부 추정 원칙' 적용)
√ 외국기업이 소유한 중국 내 공장에 수출, 개별 심사 필요

**삼성전자·SK하이닉스, 1년 유예**
• 삼성전자 중국 내 공장: 낸드플래시 생산공장, 반도체 후공정 공장
• SK하이닉스 중국 내 공장: D램 공장, 반도체 후공정 공장, 낸드플래시 공장

**반도체** 10월 21일부터 발효

특정 사양의 첨단 컴퓨팅 칩, 특정 사양의 슈퍼 컴퓨터용 제품, 미국 '우려 거래자'에 등재된 중국 28개 반도체·슈퍼컴퓨터 관련 기업에 수출 시

√ 위 3가지 품목 사실상 수출 금지('거부 추정 원칙' 적용)
√ 제3국 생산제품도 미국 기술 등 사용 시 수출 금지('해외직접생산규칙' 적용)

중국 YMTC(양쯔메모리테크놀로지) 등 중국기업 31개를 '미검증명단'으로 추가해 잠정적인 수출통제 대상으로 지정

중국의 반도체 독립이 성공한다면 세계 경제를 다시 만들고 군사력의 균형을 재설정할 수 있다. 중국이 반도체 독립에 성공할 것인가. 전망은 엇갈린다. 시간이 걸리겠지만 결국 성공할 것이라는 주장도 있지만 불가능하다고 단언하는 견해가 많다.

TSMC 창업자인 모리스 창은 지난 8월 뉴욕타임스 인터뷰에서 미·중 반도체 전쟁이 미국의 압승으로 끝날 것으로 확신했다. 그는 미국, 한국, 일본, 대만으로 이뤄진 반도체 동맹 '칩4'와 첨단 반도체 수출국인 네덜란드의 협력을 언급하면서 "우리가 모든 급소를 잘 통제하고 있다. 이 급소를 쥐고 있는 한 중국이 할 수 있는 건 아무것도 없다."고 말했다.

『칩 워』의 분석도 비슷하다. 저자는 "반도체에는 세계에서 가장 치밀하고 촘촘한 공급망과 무역 이동이 걸려 있다."면서 중국의 반도체 독립 구상을 "세계화의 종말을 약속하는 것"이라고까지 표현하며 부정적으로 내다봤다.

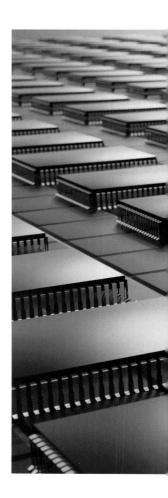

## ✪ 반도체 전쟁 속 한국 반도체

현재의 미중 대결은 결국 반도체에서 판가름 날 것이라는 분석이다. 미국과 중국의 반도체 경쟁은 세계 산업의 패권을 가르는 중요한 변수가 될 뿐 아니라 세계 경제에도 엄청난 영향을 미칠 것이다. 전쟁 위기가 고조되는 중국과 대만 간 갈등 역시 반도체 문제다.

크리스 밀러는 "대만해협 위기가 발생한다면 장비 제조 업체들은 반도체가 부족해서 반도체 제조용 장비를 만들지 못하는 상황에 빠지게 된다."면서 그 피해는 코로나 팬데믹이 불러왔던 경제적 재앙보다 더 클 것이라고 전망한다.

윤태성 KAIST 교수는 "반도체의 설계, 제조, 사용은 국제 분업을 바탕으로 이루어지기에 미국이든 중국이든 혼자 힘으로는 독점이 어렵다."면서 "미국과 중국이 상대를 너무 엄격하게 규제하면 모든 국가가

로 보관하다가 발각됐다.

앞서 감사원은 보건복지부 정기감사 과정에서 2015년부터 국내에서 태어난 영·유아 중 2,000여 명이 출생 신고가 되지 않은 점을 파악했다. 감사원은 미신고 사례에서 1%를 추려 지방자치단체에 해당 아동들의 상황을 확인하도록 했고, 그 과정에서 '수원 냉장고 영아 시신' 사건이 수면 위에 드러났다.

이후 정부의 전수조사와 수사 의뢰에 따른 경찰 조사로 속속 사망 사실이 확인된 아동들이 늘었다. 여전히 소재지를 파악 중인 아동도 상당수다.

2016년 8월, 출산한 지 일주일 된 딸을 경기 김포시의 한 텃밭에 묻어 숨지게 한 친모의 재판이 2023년 8월 인천지법에서 열렸다. 당시 11살이었던 아들이 동행해 지켜보는 가운데 암매장한 것으로 나타나 충격을 줬는데, 출생 미신고 아동 전수 조사 과정에서 7년 만에 드러난 사건이었다.

이에 앞서 경기 과천에선 2015년 9월 남자 아기를 출산해 키우다가 사망하자 시신을 유기한 혐의를 받는 50대 여성이 긴급 체포됐다. 또 2019년 4월 대전의 한 병원에서 아기를 출산한 뒤 수일 간 방치해 숨지게 한 혐의를 받는 20대 여성이 수원에서 체포되기도 했다.

이 같은 사건의 상당수는 범행 시점이 이미 수년을 넘겨, 영아 관리 시스템에 오랜 기간 구멍이 이어져왔음을 드러냈다.

## ◆ 참혹한 범죄에 영아 살해·유기죄 70년 만에 폐지

이름 없이 세상을 떠나는 아이들과 그 참혹한 범죄들이 공론화되면서 '솜방망이 처벌'도 도마에 올랐다.

지난 7월 국회에선, 영아 살해와 유기에 대한 처벌 수위를 일반 살인·유기죄 수준으로 강화한 형법 개정안이 통과됐다. 이로써 '영아살해죄'와 '영아유기죄'는 형법 제정 70년 만에 폐지됐다.

의 1% 정도를 차지하며, 연간 100~200건 수준이다. 미혼, 미성년 등 다양한 이유로 출산 사실을 숨기고자 병원 이외 장소에서의 출산을 택하는 경우 등이다.

그러나 실제 '병원 밖 출산' 건수는 알려진 것보다 더 많을 것이라는 관측이 대체적이다. 정확한 통계 자체가 존재하지 않기 때문이다.

산모 외에는 아기의 출생 사실을 누구도 알지 못하는 만큼, 유기나 살해 등 범죄로 이어지는 경우도 끊이지 않고 있다.

2021년 12월, 20대 A씨는 경기 오산시 자택 화장실에서 남자 아기를 출산해 방치하다가 20여분 뒤 숨지자 주변 의류수거함에 유기해 경찰에 검거됐다. A씨는 남편에게 혼외자 임신 사실을 들키지 않기 위해 범행을 한 것으로 조사됐다.

2022년 8월에는 20대 여성이 경기 안양시의 한 모텔 화장실에서 남자 아기를 출산한 뒤 살해하고, 시신을 화장실에 방치한 채 퇴실했다가 경찰에 검거되는 일도 있었다.

의료기관에서 태어난 신생아에게는 출생 직후 필수 예방접종을 위한 '임시 신생아 번호'가 자동 부여돼 추후 출생 사실이 조회되지만, 병원 밖에서 출산한 뒤 부모가 별다른 조치를 하지 않으면 당연히 이같은 기록은 남지 않는다.

원치 않는 임신이나 양육 부담 등 다양한 문제 상황이 범죄로 이어지지 않도록, 사후 처벌 외 근본적 대안 마련이 필요하다는 전문가들의 지적이 뒤따라왔다.

## ✦ 의료기관이 출생 신고하는 '출생통보제'

출생 신고 등의 제도적 허점이 드러나자 관련 입법은 급물살을 탔다. 그 대안 중 하나로 지난 6월 국회 문턱을 넘은 것은 '출생통보제'.

출생통보제는 의료기관이 출생 정보를 건강보험심사평가원(심평원)을 통해 지방자치단체에 알리는 제도다. 부모가 고의로 출생 신고를 법안에는 위기 임산부가 보건소나, 자격을 갖춘 지역 상담 기관에서 출산·양육에 관한 정보를 충분히 제공 받고 상담할 수 있도록 하는 내용도 담겼다.

상담기관은 임산부가 아이를 직접 양육할 때 어떤 도움을 받을 수 있는지 알려줘야 한다. 그럼에도 보호출산을 원하는 임산부는 병원에서 익명으로 아이를 낳을 수 있고, 출산 후 7일간의 숙려기간을 거쳐 지자체에 아동 보호를 신청할 수 있다.

하지만 보호출산제 역시 허점이 존재한다는 논란이 있어 왔다. 아동의 '알 권리'를 침해하고 양육 포기를 조장한다는 우려다. 더 구체적으로는, 아동이 부모를 알 권리를 빼앗을 수 있고 무분별한 익명 출산이 증가할 수 있다는 것이다. 아동인권단체에선 보호출산제로 태어난 아동은 당사자 동의 없이 친부모의 인적사항을 파악할 수 없어, 부모가 누구인지 알 권리를 기본권으로 보장하는 '유엔아동권리협약'에 배치된다고 주장한다. 또 산모의 신분을 보호한다고 해서 영아 유기를 근본적으로 방지할 수 있겠느냐는 회의론도 나온다.

국회 복지위를 통과한 보호출산제 법안에선 산모의 개인 정보를 보호하되, 출생 기록을 충실히 남기도록 했다. 현행 입양 시스템처럼 추후 친모 및 자녀의 동의로 정보를 제공할 수 있도록 한 것이다. 다만 당사자가 동의하지 않으면 부모의 인적사항을 확인할 수 없어, 자녀의 알 권리가 완전히 보장되진 않는다.

분분한 의견에도 불구하고 '출생통보제'의 부작용을 보완할 수 있는 제도로서, 정부는 일단 내년 추진을 목표로 하고 있다.

## ◆ 생명 존중과 보호를 위한 해외 사례들

해외에서는 프랑스와 독일에서 보호출산제와 비슷한 '익명출산' 개념의 법안을 시행 중이다. 프랑스의 '익명출산제'는 익명출산 이후 친모의 동의가 있을 경우에만 관련 정보를 열람할 수 있는 완전한 익명

출산제다. 임산부가 공립병원에서 본인의 신원을 밝히지 않고 무료로 치료를 받을 수 있도록 하는 법이 1941년 제정된 것이 배경이었다.

다만 익명출산을 하더라도 친모는 비밀 파일에 자신의 신원이나 출생환경 등을 남기도록 권고 받는다. 아동은 성년이 된 후 파일 열람을 요청할 수 있지만 친모의 동의가 필요하다.

독일에서는 베이비박스에 영아를 유기하는 것을 둘러싸고 사회적 논란이 발생해, 2014년 '신뢰출산제'를 도입했다. 친모가 익명 보호를 원하는 경우 신뢰출산을 할 수 있도록 한다. 독일의 신뢰출산제는 익명출산 이후 혈통증서를 공공기관 등에서 보관해 자녀가 일정 연령, 16세에 이르면 이를 열람할 수 있도록 했다. 친모가 정보 공개를 거부하더라도 가정법원의 판결에 의해 공개가 가능하도록 했다. 산모의 익명 출산과 출생아의 알 권리를 동시에 충족시키기 위한 해법이다.

'영아 피난제'를 실시하고 있는 미국은 생모의 신원을 아이에게 전혀 노출하지 않고 있다. 프랑스와 독일이 아이가 성장 후 생모를 찾도록 돕는 데 무게를 실었다면, 미국은 부모의 책임을 '제로(0)'로 만들어 보다 많은 아이를 보호하는 데 집중했다.

각국의 현실에 따라 조금씩 다른 이름과 내용으로 시행되고는 있지만, 공통적으로는 '생명 존중과 보호'를 위한 조치들이다.

## ✦ 사회 전체의 '근본적 개선책'이 필요하다

출생 미신고 아동을 둘러싼 일련의 사건들로 비난의 화살은 주로 '친모'에게 쏠렸다. 어떠한 이유로도 범죄를 정당화할 수는 없지만, 일각에선 산모의 책임과 처벌만 부각되는 현실에 대한 씁쓸함과 불편함도 뒤따랐다. 현실적으로 양육이 불가능한 경우, 본의(本意)와 달리 막다른 골목에서 범죄에 내몰리는 경우도 적지 않을 것이라는 시각 역시 있다.

전문가들은 우리 사회가 그동안 영아나 아동 대상 범죄마다 가해 부

모의 처벌에 매몰돼 대안을 찾는 데 소홀했다고 지적한다. 개인의 일탈로만 치부할 것이 아니라, 안심하고 아이를 낳아 키울 수 있는 환경이 먼저 조성돼야 한다는 시선이다.

이 같은 맥락에서 정부 주도로 자녀 양육에 대한 단계적이고 촘촘한 지원책이 제공돼야 한다는 의견이 나온다. '자녀 1명당 ○○원 지급' 등 단편적 수준의 지원이 아니라, 국가적 양육 지원 체계를 다각도로 강화해야 한다는 것이다.

결혼을 전제로 출산을 상정하고 있는 통상의 우리나라 관념상, 미혼 부모에 대해선 사회적 편견 역시 높은 현실의 벽이다. 이에 따라 시민단체에선 미혼 부모를 위한 보편적 지원 시스템이 마련돼야 한다고 말한다. 초기 상담부터 임신 과정 의료서비스 그리고 산후조리까지 탄탄한 모성보호 정책이 이어져야 한다는 입장이다.

실제로 양육 부담이나 비난을 우려해 아기를 '베이비박스'에 두고

가는 미혼모가 적지 않은 실정이다. 무책임하다는 비판도 있지만, 베이비박스로 향하는 산모들은 최소한 아기를 '살리고자 하는 의지'를 가졌다는 것이 전문가들의 분석이다. 아기들이 입양 대신, 가능한 친부모 밑에서 자랄 수 있도록 하기 위해서라도 위기 산모들의 사회적 고립을 막기 위한 고민이 필요한 부분이다.

개인의 심리적 문제라는 이유로 간과됐던 '산후 우울증'에 대해서도 최근 시선이 쏠린다. 고립감과 우울감 속에, 자포자기 심정으로 뜻하지 않은 범행을 저지르는 산모들의 사례가 심심치 않게 보고되고 있기 때문이다. 급격한 호르몬의 변화도 영향이 있다고는 하나, 주로 도움을 청할 곳 없는 열악한 상황이 그 배경이 된다. 책임감에 홀로 양육을 도맡다가 우울감이 심화하며 아기를 방치하거나, 경우에 따라 충동적 살인으로 이어지는 경우 등이다. 주변의 관심과 함께, 세심한 산모 보호와 심리적 지원 방안이 뒷받침 돼야 하는 이유다.

출생통보제나 보호출산제 등 제도 도입만으로는 해결할 수 없는 영역들이 여전히 부지기수다. 성숙하지 못한 부모와 성숙하지 못한 사회가 저출생 국가에서 아기들을 '그림자'로 만들고 있다. 임산부의 권리를 보장함과 동시에, 무고한 작은 생명들을 지키기 위해 우리 사회 전체의 고민이 필요한 때다.

# ISSUE

# 7

# 학생인권과
# 교권

---✳---

## 김승훈

전 서울신문 기자

경북 김천 출생으로 고려대 국문과를 졸업했다. 서울신문에서 사
회부, 산업부, 문화부, 사회2부, 경제부, 정치부 등을 거쳤다. 저서
로 『김 기자 어떻게 됐어?』, 『세상을 읽다 시사이슈11 시즌1』, 『세
상을 읽다 시사이슈11 시즌2』 등이 있으며, 번역서로 『비욘드 코
로나 뉴비즈니스 생존전략』, 『모두가 알고 싶은 원소란 무엇인가』
등이 있다.

LOW BIRTHRATE

졸업을 축하합니다

# 저출산, 인구감소, 지방소멸

대한민국에서 아기 울음이 사라지고 있다. 통계청이 발표한 '2022년 출생·사망 통계'에 따르면 2022년 출생아는 24만 9,000명으로 1년 전보다 1만 1,500명 감소했다. 1970년 통계 작성 이후 가장 적은 규모로, 연간 출생아가 25만 명 아래로 떨어진 건 처음이다. 월 단위 수치를 봐도 하락세는 뚜렷하다. 통계청의 2023년 5월 인구동향에 따르면 지난 5월 출생아 수는 1만 8,988명으로 1년 전보다 1,000여 명 감소했다. 월간 통계 작성이 시작된 1981년 이후 5월 기준으로 역대 가장 적은 수치다. 출생아 수는 2015년 12월부터 90개월 연속 감소하고 있다.

그런데 더 큰 문제는 출생아 수가 앞으로도 감소할 것으로 예측된다는 점이다. 한 여성이 평생 낳을 것으로 기대되는 '합계출산율'도 세계 꼴찌 수준이기 때문이다. 우리나라는 1984년 합계출산율 1.74명을 기록한 이래 40년째 저출산 상황이 이어지고 있다. 저출산이란 합계출산율이 2.1명 이하인 경우를 말한다. 합계출산율이 1.3명 이하인 경우는 초저출산으로 본다. 매년 뒷걸음질치고 있는 합계출산율은 2018년 0.98명을 기록하며 처음으로 0명대로 내려갔다.

열고 해당 전공의의 피의자 조사를 즉각 중단할 것과 정부와 국회가 응급의료체계 개선 대책을 신속히 마련할 것을 촉구했다.

이들은 회견문에서 "이번 사망 사건의 주된 원인은 응급실 과밀화와 이송시스템이 원활하지 못했기 때문"이라며 "적법하게 응급 상황에 대처했는데도 의료진의 사소한 과오까지 따져 경찰 조사까지 받게 하는 것은 의료진을 의료현장에서 떠나도록 내모는 일"이라고 주장했다.

이필수 대한의사협회 회장은 "당시 환자가 처음 왔을 때 외상에 따른 중증도가 높지 않았고, 자살 시도가 의심돼 폐쇄병동이나 정신의학과 전문의를 갖춘 상급병원으로 전원한 것"이라며 "소신 진료를 한 무과실 진료진에 대해 법적 보호장치를 마련해야 한다."고 말했다.

강민구 대한전공의협의회 회장은 전공의들이 근무하는 의료현장 분위기에 대해 "전공의들의 필수의료 전반에 대한 기피현상이 심화하고 있다."며 "전공의에 대한 직접 조사와 처벌까지 이어진다면 필수의료 행위를 했을 때 보호받을 수 있을지 우려가 크다."고 말했다.

이들은 회견문에서 구체적인 대책으로 필수의료 사고 처리 특례법 제정, 응급의료 인프라 구축과 충분한 보상, 경증환자 응급실 이용 자제, 의료 현장 의견 반영 등을 제시했다.

# ISSUE

## 9

# 가짜뉴스

## 박호근

MBN 기자

2000년 8월 세계일보 공채 13기로 입사해 기자생활을 시작했다. 2009년 5월 MBN으로 옮겨 정치부와 경제부, 산업부에서 경험을 쌓았다. 코로나19가 번졌던 2020년 당시 보건복지부를 담당하는 사회2부에서 차장으로 근무하며 관련 기사를 썼다. 이후 보도제작부장을 거쳐 현재는 전국부장을 맡고 있다.

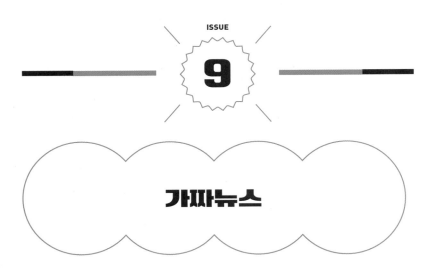

ISSUE

9

# 가짜뉴스

## ◆ 호날두가 이재민을 위해 호텔을 개방했다?

2023년 9월 8일. 북아프리카 모로코의 마라케시 서남쪽 72㎞ 지역에서 규모 6.8의 강진이 발생했다. 수많은 사상자와 함께 한 순간에 집을 잃은 이재민이 속출했다. 지진 이틀 뒤 스페인 매체 《마르카》는 미담 기사를 올렸다.

세계적인 축구 스타 크리스티아누 호날두가 소유한 호텔이 마라케시 외곽에 있는데 모로코 지진 이후 이재민들의 피난처 역할을 하고 있다고 보도했다. 호날두가 이재민을 돕기 위해 호텔을 개방했다는 것이다. 이 보도가 나간 뒤 호날두 측에서도 별다른 반응을 보이지 않자 기정사실로 받아들여졌다.

하지만, 이 소식은 가짜뉴스로 밝혀졌다. 모로코의 한 스포츠 기자가 "호날두가 지진으로 피해를 본 사람들에게 자신의 호텔 '페스티나 CR7'을 이용할 수 있게 했다는 뉴스는 완전 거짓"이라고 주장했다.

이후 다른 언론매체들이 확인을 하기 시작했는데, 해당 호텔 측은 당황했다고 한다. 이재민들의 문의가 많아 당혹스러웠다면서도 수용

가능성에 대해서는 선을 그었다. 정상적으로 일반 투숙객들이 이용하고 있고 예약이 차 있다고 해명했다.

한 관광객이 모로코 지진 뒤 호날두 호텔의 방을 구했다는 얘기가 호날두가 호텔을 개방했다는 식으로 와전되거나 이런 잘못된 소문을 확인하지 않고 기사화하면서 만들어진 가짜뉴스의 사례다.

## ⭐ 트럼프가 경찰에 붙잡혀 갔다?

2023년에 가장 눈길을 끈 가짜뉴스 중 하나는 도널드 트럼프 전 미국 대통령의 사진이다. 경찰에 체포되면서 끌려가지 않으려고 몸부림치는 모습이다.

블로거 겸 시민기자인 앨리엇 히긴스가 이미지 생성 인공지능(AI) '미드저니'의 최신 버전을 활용해 만든 이미지다. 한마디로 AI가 만들어낸 가짜뉴스다.

이런 AI 가짜뉴스가 세계의 정치판을 바꿔놓을 수 있다는 점에서 우려가 커진다. 챗GPT로 대표되는 생성형 AI가 제작한 사실적인 사진과 동영상, 음성이 빠른 속도로 광범위하게 번지고 있기 때문이다.

특히 내년에는 세계 인구의 절반에 해당하는 많은 국가에서 주요 선거를 치를 예정이라 AI 가짜뉴스가 선거판을 뒤흔들 수도 있다. 2024년은 미국 대선이 있고 유럽의회 선거를 비롯해 한국에서도 총선이 치러진다. 영국과 인도, 대만, 멕시코, 이란 등에서도 선거가 있다.

## ✦ 선거용 광고에서 'AI 사용' 반드시 표기해야

구글은 정치인이 선거용 광고를 게재할 때 생성형 AI를 사용한 경우 반드시 이 사실을 표기하도록 하는 정책을 발표했다. 구글은 현재의 정치광고 정책을 수정해 AI가 생성한 이미지나 동영상을 사용하는 경우 반드시 명시해야 한다고 밝혔다.

사람이 직접 말을 하거나 행동하지 않은 것을 마치 한 것처럼 보이게 할 때, 또는 실제로 발생하지 않은 장면을 합성하거나 조작해 묘사한 경우에 AI 기술을 사용했다고 눈에 띄게 표시해야 한다. 이러한 구글의 방침은 내년 11월 미국 대통령 선거를 비롯해 앞으로 치러질 많은 선거에 악용될 수 있는 AI 생성 딥페이크와 가짜뉴스를 방지하기 위한 조치로 풀이된다.

구글의 AI 챗봇 '바드'나 오픈AI의 이미지 생성 프로그램 '달리(DALL-E)'와 같은 생성형 AI는 실제 카메라로 촬영한 것과 구별하기 어려울 정도로 진짜 같은 사진을 만들어 낼 수 있다. 이렇게 되자 여러 정치인은 AI를 사용해 만들어진 '가짜뉴스'가 유권자를 속일 수 있다며 우려를 나타냈다.

온라인 광고 영역에서 점유율이 높은 구글과 메타는 수년 전부터 온라인에서 난무하는 가짜뉴스를 막아야 한다는 압박에 시달려왔는데, 이번에 'AI 사용 표기' 방안을 내놓은 것이다.

## ✦ 가짜뉴스란 무엇인가?

　인간이 살고 있는 세계가 점점 거짓이 진실을 압도하는 사회로 변해가고 있다는 지적이 나온 건 꽤 오래됐다. 2016년 옥스포드사전은 세계의 단어로 '탈진실(post-truth)'을 선정했다. 진실에서 벗어나는 이른바 탈진실화가 국지적 현상을 넘어 세계적으로 나타나는 시대의 특성이라고 진단했다. 탈진실의 시대가 시작되었음을 알리기라도하듯 가짜뉴스가 사회적 논란으로 떠올랐다.

　가짜뉴스는 사실이 아닌 것을 사실인 것처럼 꾸민 뉴스를 말한다. 영어로 페이크 뉴스라고 한다. 속이는 행위인 페이크를 가짜로 번역한 것인데, 페이크의 의미는 가짜뿐 아니라 사기, 기만, 속임수라는 뜻이 내포돼 있다. 이 페이크의 의미를 이해하면 개념이 넓어진다.

　황용석 건국대 교수는 가짜뉴스를 정확히 이해하려면 '잘못된 정보'와 '의도된 가짜 정보'의 개념을 구분하는 것에서 출발해야 한다고 밝혔다. 가짜정보의 유형은 허위정보와 오인정보, 거짓정보, 패러디, 유언비어 등으로 나뉜다.

　가짜뉴스는 한마디로 교묘하게 조작된 '속임수 뉴스'를 뜻한다. 경찰은 가짜뉴스를 '실제 언론 보도처럼 보이도록 가공해 신뢰도를 높이는 방식으로 유포되는 정보'로 정의한다. 한국언론진흥재단은 '정치적·경제적 이익을 위해 의도적으로 언론 보도의 형식을 하고 유포된 거짓 정보'로 정의했다.

　한국언론진흥재단이 온라인 설문 조사를 한 결과, 언론사 오보를 가짜뉴스라고 생각한다고 응답한 비율이 무려 84.7%였다. 어느 한쪽 의견만을 전달하는 '편파적 뉴스'를 가짜뉴스라고 생각한다는 응답도 79%로 나왔다. 인터넷에서 접하는 정보의 진위를 우려하는 사람의 비율은 매년 상승하고 있다.

　의도적인 허위 조작은 물론이고 가짜뉴스의 범위에 '오보나 편파적 뉴스'도 추가해야 한다는 의견이 나오는 배경이다.

## ✚ 가짜뉴스의 유래

1920년대 독일의 나치당이 자신들과 이념적으로 맞지 않는 언론을 지칭하며 사용한 신조어인 'Lugenpresse'가 가짜뉴스라는 표현의 원조로 보고 있다.

21세기 들어 SNS를 통해 검증되지 않은 부정확한 뉴스나 악의적으로 왜곡된 정보를 뉴스처럼 위장해 퍼뜨리는 행위가 급속히 증가하면서 '가짜뉴스'라는 표현도 급증했다.

특히 도널드 트럼프 전 미국 대통령이 일부 언론 보도에 대해 가짜뉴스라고 주장하면서 가짜뉴스라는 표현이 널리 퍼지는 계기가 됐다.

## ✚ 가짜뉴스는 어떻게 만들어지나?

"어떤 사람이 '코끼리가 하늘을 날고 있다'라고 말하면 누구도 믿지 않는다. 하지만 '4,257마리의 코끼리가 하늘을 날고 있어'라고 한다면 일부는 믿을지도 모른다."

마술적 사실주의의 대표작 『백년의 고독』으로 유명하며 라틴아메리카 문학을 대표하는 콜롬비아 출신 작가 가브리엘 가르시아 마르케스(Gabriel Garcia Marquez, 1927~2014)가 한 말이다. 그는 저서 『상상력의 다이나미즈』에서 이런 표현을 했는데, 헛소문도 디테일을 가미하면 그럴 듯해질 수 있다는 뜻이다.

히틀러의 나치독일 때 선전국가부장관을 지낸 괴벨스도 비슷한 말을 한 적이 있다. "거짓과 진질을 적당히 섞으면 100%의 거짓보다 더 큰 효과를 낼 수 있다."고 했다. 거짓은 처음에는 부정되다가 그 다음에는 의심받게 되고, 이것을 되풀이하면 결국 사람들이 믿게 된다는 것이다. 허구에 사실을 교묘하게 배합해서 반복해서 주장하거나 계속 전파하면 가짜뉴스를 믿는 사람들이 나오는 것과 같다.

## ✦ 가짜뉴스 왜 만들어질까?… 돈이 되니까

가짜뉴스가 만들어지는 가장 큰 이유는 뉴스콘텐츠 시장에서 장사가 되기 때문이다. 광고주가 가짜뉴스 사이트에 직접 광고를 하지는 않지만 광고 중개 서비스를 통해 콘텐츠 값을 받는다. 중개업체는 조회수가 많이 나오는 사이트에 금액이 높은 광고를 배치하기 때문에 조회수가 곧 돈이 되는 구조다.

## ✦ '연예인 가짜뉴스'로 수억 원 수익

코미디언 서세원 씨가 2023년 4월 캄보디아의 한 병원에서 숨졌다. 이후 확인되지 않은 뉴스가 기승을 부렸다. 한 유튜버는 서씨가 10조 원의 유산을 남겼고 유언장을 통해 상속인을 지정해뒀다고 주장했다. 이 유튜버는 서씨 관련 영상 25개를 올렸는데 대부분 조회수를 노린 가짜뉴스였고 총 조회수는 1,900만 회를 넘었다.

이 유튜버는 서세원 씨에 관한 내용뿐 아니라 다른 가짜뉴스들도 올렸는데, 누적 조회수는 1억 3,600만 회로 한 달 유튜버 수익이 4억 4,000만 원으로 추정됐다.

## ✦ 죽었다 살아난 사람들

가짜뉴스로 인해 죽었다 살아난 사람들도 많다. 2023년 5월에는 트로트 가수 나훈아 씨가 교통사고로 숨졌다는 소식이 확산됐다. 한 유튜버는 나훈아 씨가 콘서트 후 음주운전을 하다 교통사고를 내고 숨졌다면서 수백억 원의 재산을 남겼다고 주장했다.

이 유튜버는 교통사고 영상까지 첨부했지만 나훈아 씨와 무관한 사고로 밝혀졌다. 나훈아 사망설은 역시 가짜뉴스였다. 이 유튜버가 제작한 나훈아 영상은 10개에 이르는데 총 조회수가 143만 회나 됐다.

그만큼 돈벌이가 됐다는 얘기다.

'나훈아 가짜뉴스'를 퍼뜨린 채널이 베트남에서 만들어졌다는 주장도 나왔다. 이 채널에 올라온 영상에 베트남 현지인이 여러 명 나온다는 것이다. 조회수를 노린 이런 가짜뉴스를 생산하는 채널이 베트남에 있는 이유는 한국보다 베트남 인구가 많기 때문에 수익을 올릴 수 있는 최소한의 기준인 '구독자 1,000명'을 더 빨리 확보할 수 있기 때문으로 풀이된다.

2022년 7월에는 일본 피겨스케이팅 선수였던 아사다 마오가 서울 강남 자택에서 극단적 선택을 했다는 뉴스가 올라왔다. 이 영상은 게시된 지 하루도 되기 전에 조회수 44만 회를 넘어섰지만, 가짜뉴스로 판명됐다.

당시 누리꾼들은 조회수를 노린 가짜뉴스 콘텐츠가 일부 외국인에 의해 운영되고 있다며 경찰의 수사를 촉구하기도 했다.

## ◆ 구체적인 내용으로 속인다… 노인층 타깃 늘어

2022년 12월에는 요리연구가이자 사업가인 백종원 씨가 빚 100억 원을 남긴 채 숨졌다는 제목의 뉴스가 떠돌았다. 제목부터가 자극적인데 내용도 구체적이었다. 백씨가 생명이 위험한 상태로 구급차에 실려 갔고, 아내 소유진이 울면서 따라갔다는 것이었다. 한 신경과 전문의의 말까지 인용했고 100억 원에 이르는 병원비가 너무 비싸 가족은 치료를 포기했는데 한 식품회사 대표가 병원비를 내기로 했다고 전했다.

하지만 백씨는 당시 해외에 나가 있었고 SNS를 통해 '점주님들 안녕하세요. 백종원입니다'라는 글을 올리며 가짜뉴스에 대해 스스로 해명하는 해프닝이 벌어졌다.

배우 박근형 씨가 사망했다는 가짜뉴스도 나왔다. '82세 박근형 투병 숨기고 촬영 강행하다 끝내 안타까운 일생'이라는 자막을 단 이 가짜뉴스가 가증스러운 것은 실제 같은 사진을 썼다는 점이다. 박씨가 과거 산소 호흡기를 단 모습의 연기를 한 적이 있는데 이 장면을 뉴스에 사용한 것이다. 연예인의 연기 사진으로 수많은 사람들을 기망한 가짜 사망설이었다.

동영상 플랫폼 이용자의 연령대가 다양하지고, 특히 노년층이 급속히 늘면서 이들을 타깃으로 하는 가짜뉴스도 증가하고 있다. 온라인 콘텐츠를 활용하긴 하지만 능숙하게 인터넷을 이용하지 못해 곧바로 사실 확인을 하지 못하거나, 하지 않는다는 점을 이용한다는 분석도 나온다.

## ◆ 자극적인 내용으로 시선 잡는다

'일본인 소녀 2명을 백화점에서 강간한 한국인이 무죄 판결을 받았다'라는 제목의 기사가 2017년 1월 일본 SNS에 급속히 퍼졌다. 혐한단체인 재특회 회장 사쿠라이 마코토가 이 기사를 공유하면서 트위터와 페이스북에서 2만 건 넘게 공유됐다. 하지만 이 기사 내용 역시 허위로 지어낸 가짜뉴스였다.

한 일본 남성이 돈을 벌려고 가짜뉴스 사이트를 만들었다고 털어놨다. '대한민국 민간 보도'라는 사이트를 만든 이 남성은 "정치적인 기사를 퍼뜨려 조회수를 올려 이익을 얻으려고 했다."고 밝혔다.

2016년 11월 '대한민국 현지 뉴스'라는 블로그에 거짓 혐한 기사를 올리다 '대한민국 민간 보도' 사이트를 새로 만든 것이다. 그는 이 사이트에서 "한국 검찰이 인육을 가공해 판매한 혐의로 한 식품 업체를 압수수색했다."는 얼토당토 않은 가짜뉴스 등을 마구 생산했다.

그가 인터뷰를 통해 한 말은 소름을 끼치게 만들었다. "증오를 부추기는 기사는 확산하기 쉽다."고 했다. 왜 하필 한국을 가짜뉴스의 소재로 삼았는지에 대해서는 "기사가 사실이 아니더라도 한국 이야기라면 어떤 화제라도 믿고 싶다는 사람, 퍼뜨리고 싶다는 사람이 많아 콘텐츠를 만들기 쉬웠다."고 설명했다.

# ✦ 정치적 이용과 수익 창출… '꿩먹고 알먹는' 수퍼챗

유튜브는 전세계에서 수많은 크리에이터들이 자신의 콘텐츠를 공유하고 이용자들과 소통하며 수익을 창출하는 동영상 플랫폼이다. 유튜브 중에 수퍼챗이라는 기능이 있다. 라이브 스트리밍에서 크리에이터와 팬들이 밀접하게 소통할 수 있는 공간이다.

수퍼챗은 라이브 중 팬이 작성한 메시지를 강조하여 크리에이터의 주목을 받을 수 있게 해준다. 팬은 일정 금액을 내고 메시지를 작성하면 일정 시간 동안 라이브 채팅창의 상단에 고정되며 색상과 크기 등으로 강조된다.

크리에이터는 이 수퍼챗을 통해 수익을 창출하는데, 2022년 기준 국내 수익 1위는 수와진TV로 1년간 4억 7,000만 원 이상을 벌었다.

유튜브 채널 '시민언론 더탐사'는 2022년 12월 한 달 동안 수퍼챗을 통해 6,987만 원을 벌어들였다. 하루에 수백만 원의 수익을 올리기도 했다. 12월 30일 더탐사가 진행한 생방송 '이태원 참사 시민추모제'와

## ━━○ 유튜브 수퍼챗 국내 순위

■ 정치 콘텐츠

| 2021년 | | 2022년 | |
|---|---|---|---|
| ❶ 김해꼬마TV | (수익) 7억 3,746만 461원 | ❶ 수와진TV | (수익) 4억 6,867만 9,505원 |
| ❷ 가로세로연구소 | 6억 8,104만 8,803원 | ❷ 유재일 | 3억 5,291만 3,182원 |
| ❸ 유재일 | 4억 9,693만 3,329원 | ❸ 시사타파TV | 3억 3,973만 1,470원 |
| ❹ 수와진TV | 4억 7,069만 4,323원 | ❹ 동준사장TV | 3억 3,136만 3,107원 |
| ❺ 너알아TV | 3억 9,947만 4,659원 | ❺ 열린공감TV | 3억 1,379만 7,735원 |
| ❻ 시사타파TV | 3억 711만 2,608원 | ❻ 너알아TV | 2억 9,336만 7,070원 |
| ❼ 팔천사와강아지세상 | 2억 9,819만 4,184원 | ❼ 시민언론 더탐사 | 2억 6,731만 7,899원 |
| ❽ Super K-슈퍼개미김정환 | 2억 8,899만 4,637원 | ❽ 이큐채널 | 2억 6,360만 3,261원 |
| ❾ 냉철TV | 2억 8,048만 9,437원 | ❾ 가로세로연구소 | 2억 5,402만 3,527원 |
| ❿ 도리도리 비트코인 교육방송 | 2억 6,276만 240원 | ❿ 김해꼬마TV 시즌2 | 2억 4,687만 5,591원 |

자료: 플레이보드

'무지성 윤정권'은 600만 원 이상 수익을 냈다.

윤석열 정부가 출범한 이후 정치를 다루는 유튜브 채널들이 슈퍼챗 수익을 독식하는 현상이 더욱 두드러졌다. 2022년 슈퍼챗 수입을 따졌었을 때 상위 10개 중 7개가 정치 관련 채널이었다. 전세계 유튜브 채널 데이터를 집계하는 '플레이보드'에 따르면 작년 국내 유튜브 슈퍼챗 수입 상위 10개는 수와진TV, 유재일, 시사타파TV, 동준사장TV, 열린공감TV, 너알아TV, 시민언론 더탐사, 이큐채널, 가로세로연구소, 김해꼬마TV 시즌2 등이다. 이들 중 수와진TV와 동준사장TV, 김해꼬마TV를 제외하면 모두 주로 정치 콘텐츠를 다룬다.

문제는 이들 정치 유튜브 채널 대부분이 슈퍼챗을 유도하려고 확인되지 않은 음모론이나 일방적인 주장을 펼친다는 것이다.

유튜브가 콘텐츠 가이드라인을 위배하면 광고를 제한하는 이른바 '노란 딱지' 제도를 도입하면서 조회수에 따른 광고 수익이 줄어들었기 때문에 슈퍼챗을 주요 수입원으로 삼는 과정에서 자극적인 내용이나 가짜뉴스로 시청자를 현혹해 후원금을 모집하는 방식이 확산했다는 분석도 있다.

## ✦ 규제방안 없나?

유튜브 등 1인 미디어는 방송으로 분류되지 않는다. 따라서 정정보도나 반론보도 등으로 가짜뉴스를 규제하는 언론중재법과 방송법의 영향에서 벗어나 있다.

1인 미디어는 정보통신망법의 적용을 받긴 하지만 가짜뉴스 유포를 구체적으로 규제하는 조항은 없다. 더불어민주당 윤영찬 의원 등이 허위 뉴스로 인한 피해자가 유튜버에게 손해배상을 청구할 수 있는 '정보통신망 이용촉진 및 정보보호 등에 관한 법률 일부개정안'을 발의했지만 국회에서 아직 통과되지 못하고 있다.

또 다른 문제는 해외 플랫폼 기업은 국내법의 규제를 받지 않는다는 것이다. 이 때문에 콘텐츠에 문제가 있으면 개인이 플랫폼 기업 본사에 연락해 해결해야 한다. 국내에서도 플랫폼 기업에 혐오 콘텐츠 등에 대해 책임을 물을 수 있게 하는 '포괄적 차별금지법'이 발의됐지만 16년째 국회에 계류 중이다.

외국에는 자극적인 정치 콘텐츠 등 혐오 콘텐츠를 규제하는 방안이 있다. 독일은 2017년 극단주의 콘텐츠를 삭제하지 않는 플랫폼 사업자에게 최대 70억 원의 과태료를 부과하는 법을 만들었다. 유럽연합도 혐오발언이나 허위정보 등의 콘텐츠를 삭제하지 않는 기업에 연 매출의 최대 6%에 해당하는 과징금을 부과할 수 있다.

## ◆ 정치와 가짜뉴스

가짜뉴스가 만들어지는 이유는 크게 두 가지다. 하나는 앞서 말한 것처럼 경제적 이유, 다른 하나는 정치적 이유다. 돈을 벌기 위해 무분별한 가짜뉴스를 만들어내는 것이 경제적인 목적이라면 정치적인 목적은 특정인에 대한 당선이나 낙선, 특정 정당에 대한 옹호나 비난 등을 위해 편파적인 추측이나 견해를 사실인 것처럼 퍼뜨리는 것이다.

## ◆ 빛보다 빠른 속도로 민주주의 훼손?

"가짜뉴스가 AI와 디지털을 이용해 빛보다 빠른 속도로 확산하면서 자유민주주의를 훼손하고, 우리 미래를 망칠 수 있다."

윤석열 대통령은 2023년 9월 13일 청와대 영빈관에서 주재한 제20차 비상경제민생회의 겸 '대한민국 초거대 AI 도약' 회의 모두발언에서 이렇게 말했다. 전 세계 정치인을 만나며 이런 얘기를 한다고 한다.

하루 앞서 국무회의에서는 "가짜뉴스 확산을 방지하지 못하면 자유민주주의와 시장경제가 위협받고 우리의 미래와 미래 세대의 삶 또한 위협받게 된다."고 강조했다. 대선을 사흘 앞두고 퍼진 이른바 '윤석열 커피' 가짜뉴스를 염두에 두고 한 말로 해석된다.

## ✦ '윤석열 커피' 가짜뉴스란?

이 가짜뉴스는 대장동 개발 민간업자이자 화천대유 대주주인 김만배 씨와 신학림 전 전국언론노조 위원장 사이 허위 인터뷰 의혹을 말한다. 김 씨가 신 전 위원장에게 1억 6,500만 원을 주고 2021년 9월 '윤석열 검사가 2011년 당시 부산저축은행 사건을 수사하던 중 대장동 대출 브로커 조우형 씨를 만나 사건을 무마했다'는 내용의 인터뷰를 시켰다는 것이다.

인터넷 매체 뉴스타파는 인터뷰를 한 시점에서 6개월 뒤이자 20대 대통령선거를 사흘 앞둔 2022년 3월 6일 해당 녹취를 보도했다. 녹취에서 김 씨는 "조우형이 대검 중수부에서 윤석열(당시 대검 중수부 검사)을 만났고, 박 모 검사가 커피를 타 주면서 몇 가지 질문을 한 뒤 사건을 봐줬다."고 말했다.

하지만, 2021년 11월 검찰 조사에서 조 씨는 김만배의 인터뷰 내용과 달리 '윤석열 검사를 만난 적이 없다'고 진술했다. 검찰은 조 씨의 진술 등을 바탕으로 김만배-김학림 인터뷰가 대장동 개발특혜 의혹의 책임을 이재명 당시 더불어민주당 후보에서 윤석열 당시 국민의힘 후보로 돌리려는 '가짜뉴스'라고 봤다. 사실상 대선 개입 공작으로 판단하고 이재명 대표 측이나 민주당에서 개입한 건 아닌가 하는 의심과 함께 논란이 일파만파 커졌다.

## ✦ 뉴스타파·JTBC 압수수색과 반발

김만배-신학림의 '허위 인터뷰' 의혹을 수사하는 검찰이 뉴스타파와 JTBC에 대한 압수수색을 벌였다. 검찰은 두 매체가 20대 대선에 개입하려는 목적에서 허위 보도로 윤석열 대통령의 명예를 훼손한 것으로 보고 있다.

서울중앙지검 대선개입 여론조작 특별수사팀은 9월 14일 정보통신망법 위반(명예훼손) 등 혐의로 서울 중구 뉴스타파 사무실과 서울 마포구 JTBC 본사 사무실 등 4곳을 압수수색했다. 해당 기사를 작성한 기자들의 주거지에도 수사관을 보내 관련 자료를 확보했다.

김만배 씨가 신학림 전 뉴스타파 전문위원과 인터뷰를 한 직후 1억 6,500만 원을 건넸다는 사실이 알려지면서 보도 배경에 대한 의심이 제기됐다. 또 당시 JTBC 소속으로 근무했던 봉 모 기자가 브로커 조우형 씨로부터 '윤석열 검사를 만난 적이 없다'는 말을 직접 듣고도 이 사실은 보도하지 않아 의혹이 커졌다. 이에 대해 봉 기자는 "조우형 씨가 자기에게 불리한 얘기는 대부분 거짓말을 하고 있다."며 "조우형 씨의 인터뷰를 전부 다 실어줘야 하는 건 아니지 않느냐."고 반박했다.

검찰의 압수수색에 대해 뉴스타파는 "언론 자유를 침해한다."며 강하게 반발했다. 뉴스타파 직원들이 건물 출입구를 막고 검찰의 영장 집행을 막아 2시간 20분 간 대치하기도 했다.

김용진 뉴스타파 대표는 "민주국가에서 유례를 찾아볼 수 없는 폭거"라며 "무도한 윤석열 정권과 정권을 보호하는 정치검찰이 얼마나 악랄하게 언론을 탄압하는가를 가장 적나라하게 보여주는, 역사에 영원히 남을 치욕적인 언론 현장의 한 날로 기록될 것"이라고 말했다.

이와 관련해 검찰 측은 "언론의 기능에 대해서 완전히 무시하고 수사하는 게 아니다."라며 "해당 보도가 대선 직전에 악의적인 부분을 갖는 것을 확인하기 위한 과정"이라고 밝혔다.

## ◆ 대선 최대의 정치공작 사건?

국민의힘은 '대장동 허위 인터뷰 의혹'에 대해 "2022년 대선의 최대 정치공작 사건이다."며 야당을 공격했다.

윤재옥 원내대표는 "김만배-신학림 인터뷰 조작사건은 대장동 몸통을 이재명 더불어민주당 대표에서 윤석열 대통령으로 둔갑시키려 한 2022년 대선의 최대 정치공작 사건으로 규정돼야 한다."고 말했다. 이어 "김대업 정치공작, 기양건설 로비 가짜폭로 등 그야말로 정치 공작의 계보를 잇는 사건"이라며 "가짜뉴스 인터뷰에 대형 스피커를 달아 증폭시킨 언론의 책임도 크다."고 비판했다.

박대출 정책위의장은 "김만배는 대선 끝나고 나중에 아니라고 하면 된다는 대범함까지 보였다고 한다."며 "사실이라면 2022년 김대업 병풍조작 시즌2를 방불케하는 희대의 선거범죄"라고 비난했다. 그러면서 "최근 1~2년 안에만 해도 생태탕 사건, 청담동 술자리, 김건희 여사 명품백 그리고 김만배 커피까지 있지도 않은 상상속 소품 때문에 대한민국 국민이 희롱당했다."며 "가짜뉴스 카르텔은 영구 퇴출시켜야 한다."고 주장했다.

## ◆ 오염수와 가짜뉴스

국민의힘은 지난 9월 3일 유튜브에 일본 후쿠시마 원전 오염수 관련 가짜뉴스 동영상을 올린 채널을 경찰에 고발하겠다고 밝혔다. '정부가 숨기고 있는 현재 후쿠시마 방사능 오염수 뿌린 일본 바다 상황'이라는 제목의 동영상을 게시한 유튜브 채널 '모든동영상'을 대상으로 한 법적 대응이다.

해당 유튜브 채널은 지난 2월 13일 일본 니가타현 이토이가와시 해안에서 일어난 정어리떼 집단 폐사 사건 동영상을 마치 후쿠시마현 오염수 방류 때문에 발생한 것처럼 왜곡했다는 것이다.

국민의힘 미디어법률단은 "사실 관계가 전혀 다른 동영상을 마치 정부가 후쿠시마 오염 처리수 위험성을 은폐한 것처럼 제목을 달아 가짜뉴스·괴담을 퍼트려 국민들에게 공포심을 자극했다."며 "국내 어업 종사자들의 조업·판매 업무를 방해해 피해를 보게 했다."고 설명했다.

## ✪ 오염수와 광우병 사태

김장겸 전 MBC 사장은 2023년 8월 31일 프레스센터에서 열린 '상 반기 10대 가짜뉴스 시상식' 세미나에서 "후쿠시마 오염수 괴담 세력의 목적은 국민들의 공포심을 자극한 후 '제2의 광우병 사태'를 일으켜 정권을 탈취하는 것이 본질"이라고 주장했다.

김 전 사장은 "방류 이후에도 과학적 측정치가 전혀 문제가 없다는 점을 아무리 얘기해도 들으려 하지 않는다."며 "괴담 세력, 이른바 선 수들의 목표와 목적이 이미 설정되어 때문"이라고 말했다. 이어 광우병 사태를 언급하며 "그들은 '뇌송송 구멍탁'을 이용해 온 나라를 소용돌이로 몰아넣었다."고 지적했다.

국민의힘이 '가짜뉴스'를 완전히 뿌리 뽑겠다며 '가짜뉴스와의 전쟁'을 선포하며 강경대응한 것도 후쿠시마 오염수 문제가 과거 광우병 논란 때처럼 걷잡을 수 없는 사태로 확산되는 것을 사전에 방지하기 위한 전략이라는 분석도 나왔다.

## ✪ 가짜뉴스 대응방안 마련… 사라질까?

방송통신위원회가 경제협력개발기구(OECD) 사례를 참고해 가짜뉴스 대응 방안을 마련하기로 했다. 방통위 디지털유해정보대응과는 '가짜뉴스 실태와 대응 방안-OECD 주요 국가 사례를 중심으로' 정책연구에 착수했다.

이동관 방통위원장이 취임한 뒤 연일 가짜뉴스 척결을 강조해온 데 따른 조치로 보인다. 이 위원장은 취임식에서 "무책임하게 가짜뉴스를 확산시키거나 특정 진영의 정파적 이해만을 대변하는 행태는 반드시 바로잡아야 한다."고 강조했다.

이후 '가짜뉴스 근절 TF'를 가동하고 방송통신심의위원회를 비롯한 유관 기관과 협조해 가짜뉴스에 대한 철저한 심의와 이행 조치를 마련하는 한편 '원스트라이크아웃제' 도입을 검토하고 있다.

이와 함께 예산안에 팩트체크 사업 신뢰·실효성 제고, 청소년·성인·교사 등 대상별 맞춤형 교육 등에 전년 대비 4억 1,700만 원을 증액한 총 10억 2,700만 원을 편성했다.

이런 식으로 여러 가짜뉴스 규제 방안이 나오고 있지만 대부분 사건이 터진 뒤에 규제가 따라가는 사후 처방이라는 문제가 있다. 또 규제가 강화되면 표현의 자유, 알 권리와 충돌할 가능성이 있다는 한계성 때문에 실효성은 미지수다.

# 챗 GPT

## 조성미

연합뉴스 기자

2005년 연합뉴스 기자로 입사해 사회부 사건팀, 부산본부, 정치부에서 일했다. 이후 퇴사해 미국 뉴욕과 프랑스 파리에서 유학하며 일 했고, 2018년 연합뉴스에 재입사해 독자부, 연합뉴스TV 경제부를 거쳐 테크부에서 IT 분야를 취재하고 있다. 시간이 흐르며 거대한 이야기보다 실용적인 생활 주변의 이야기에 더 관심을 갖게 됐다.

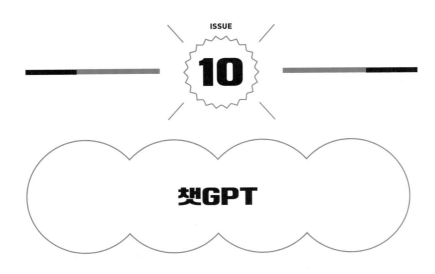

ISSUE
**10**

# 챗GPT

## ◆ 챗GPT, AI 답지 않은 자연스러움으로 사람들 마음을 사로잡다

미국의 인공지능 스타트업 오픈AI가 2022년 11월 30일 챗GPT를 공개한 직후 세상의 반응은 지금처럼 뜨겁지 않았다. 챗GPT 이후 'GPT(Generative Pre-trained Transformer)'라는 말은 세간에 잘 알려진 용어가 됐지만 사실 챗GPT가 GPT 시리즈의 첫 주자는 아니다. 샘 올트먼이 설립한 오픈AI가 2020년 선보인 GPT-3를 챗봇 형태로 발전시킨 모델이 챗GPT(GPT-3.5)인데, 챗GPT가 공개된 직후에는 인공지능 관련 업계나 학계 관계자 정도나 알던 GPT-3의 후속 버전이 나왔구나 정도의 주목을 받았을 뿐이었다. 챗GPT 공개 약 한 달 뒤 미국 라스베이거스에서 열린 세계 최대 규모의 ICT 융합 전시회 'CES(Consumer Electronics Show) 2023'에서도 오픈AI나 챗GPT는 지금처럼 주목받는 떠오르는 샛별이 아니었다.

그러던 것이 챗GPT가 대중에 공개되고 한두 달이 지난 올 초부터 상황이 급반전하기 시작했다. 학계와 업계는 물론 일반인이 써보고 입

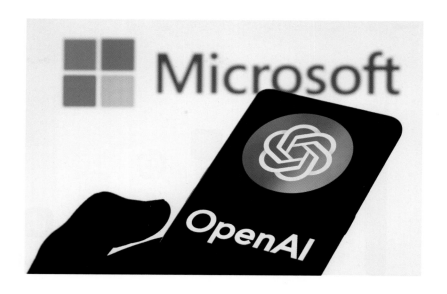

소문을 내기 시작한 것이다. 챗GPT와 나눈 대화를 캡처한 내용이 트위터, 레딧 등 소셜네트워크서비스(SNS)를 뒤덮기 시작했다. 호기심과 반신반의의 마음을 가지고 새로 나온 AI 챗봇과 대화를 시도한 이들은 업그레이드된 성능에 감탄하며 대화 내용을 공유하기도 하고, 챗GPT가 얼토당토않은 대답을 버젓이 내놓은 결과를 보며 실소하기도 했다. 찬사와 악평이 함께 쏟아졌지만, 폭발적인 관심을 끄는 데 성공한 것만은 사실이다. 전작인 GPT-3가 오픈베타 공개 이후에도 소위 아는 사람만 아는 AI 모델이었던 것과는 사뭇 다른 양상이었다. 또 그 이전 AI '반짝 열풍'의 주인공이었던 알파고 때와도 조금 달랐다. 2016년 바둑기사 이세돌과 시합에서 4:1로 승리해 충격을 안긴 딥마인드의 AI 모델 알파고는 바둑 대국이 지난 이후에는 사람들의 관심에서 멀어지며 인공지능이 인류의 삶을 송두리째 바꿀 기술이라는 기대도 함께 옅어지도록 했지만, 챗GPT는 2023년 내내 이어지는 AI 붐의 어엿한 주인공 자리를 여전히 차지하고 있다. 오픈AI에 전략적 투자를 단행해 챗GPT 기술을 독보적으로 사용할 수 있게 된 마이크로소프트와 챗GPT 이후 검색 시장의 왕좌를 빼앗길 것을 우려하며 바드-2라는 초

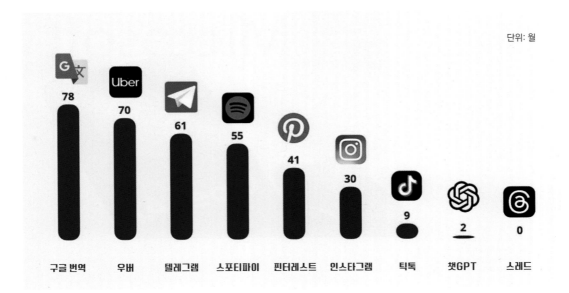

단위: 월

구글 번역 78
우버 70
텔레그램 61
스포티파이 55
핀터레스트 41
인스타그램 30
틱톡 9
챗GPT 2
스레드 0

출처: UBS, 비즈니스 인사이더

거대 생성 AI를 발표한 구글 등 후속 주자가 미국 주식시장을 견인하고 있다. AI 학습과 추론에 필수적으로 활용되는 그래픽처리장치(GPU)를 생산하는 엔비디아 몸값도 천정부지로 뛰었다.

챗GPT에 대한 대중의 호응은 사용자 수 1억 명 돌파에 걸린 시간이 획기적으로 짧아졌다는 사실에서 여실히 드러났다. 투자은행 UBS는 챗GPT가 출시 두 달 만인 2023년 1월에 월간 활성 사용자 수(MAU)가 1억 명을 넘어선 것으로 추산했다. MAU는 한 달에 한 번이라도 접속한 사람 수를 뜻한다. 이러한 기록은 SNS 등 다른 디지털 서비스의 MAU 1억 명 도달에 걸린 시간을 크게 앞지른 것이었다. 월간 활성 사용자 1억 명 돌파까지 인스타그램은 2년 반, 틱톡은 9개월이 걸렸다.

이전에 나타난 인공지능과 달리 챗GPT가 대중적인 인기를 얻을 수 있었던 비결은 마치 진짜 사람과 이야기하는 듯한 착각을 줄 정도로 답변이 그럴듯한 점, 자연스러움에 있다. 챗GPT 이전에도 인공지능을 쓴 챗봇은 존재했지만, 사람이 아닌 로봇이나 기계와 대화하는 듯한 부자연스러움이 뚜렷하게 드러나 일상생활이나 산업계에서 활용도가 미미했다. 하지만 챗GPT는 마치 사람과 대화하는 듯한 자연스러운 질문과 답변이 가능한 점이 사람들을 놀라게 했다. 단답형이 아닌 그럴듯한 서술형 문장을 사용했고 이전 대화의 내용과 맥락을 기억했으며 이용자가 잘못을 지적하면 수용하고 더 나은 답을 찾아 내놓는 상호작용이 가능해졌다.

이러한 자연스러움의 비결은 바로 어마어마한 규모의 데이터를 '인간 피드백형 강화학습(RLHF·Reinforcement Learning with Human Feedback)'으로 훈련한 결과다. 스탠퍼드대학에 따르면 챗GPT가 기반한 GPT-3의 데이터 규모는 매개 변수(파라미터) 1,750억 개에 이른다. 또, 570기가바이트 분량의 텍스트를 학습시켰다. 파라미터란 인공지능이 정확한 결괏값을 도출하도록 계산에 고려하는 변수의 규모를 의미한다. 숫자가 커질수록 AI 성능이 향상되는 것으로 알려져 있다. 챗GPT 다음에 나온 GPT-4의 경우 오픈AI가 주요 정보에 대한 비공개 전략을 취하면서 파라미터 규모가 알려지지 않았지만 100조 개에 이를 것으로 추정되고 있다.

알고리즘이라고 부르는 함수를 써서 어마어마한 규모의 연산을 통해 결과를 도출하기 때문에 챗GPT 같은 생성형 AI를 초거대 AI 또는 초거대 언어 모델(LLM)이라고 부른다. '밥을 먹으면 배가~'라는 문장에서 ~에 들어갈 말이 '부르다'가 되리라는 것을 사전에 유사한 데이터를 수없이 학습하며 인지한 것이다. 더 정확하게 말하면 '인지'라기보다 그 자리에 올 단어 중에 확률값이 가장 큰 단어를 계산해 보여주는 것이다.

챗GPT가 이전에 공개된 AI보다 뛰어날 수 있었던 비결은 비슷한 AI 학습 과정을 거치되 약 100명으로 알려진 사람이 직접 인간 피드백형 강화학습(RLHF)에 참여해 AI가 정답을 좀 더 정교하고 자연스럽게 하도록 지도해준 덕분이다. '밥을 먹으면 배가~'에서 ~에 '부르다'가 들어가는 것이 확률적으로 제일 맞는다고 해도 가령 나이 많은 한국인 화자와 대화할 경우 '부릅니다', '불러요'라고 존대어로 대답하는 것이 좀 더 사회적 문맥에 맞아 더 자연스러운 대답이라고 가르치는 식이다.

챗GPT는 강화학습으로 자연스러움만 습득한 것이 아니라 인간 사회에서 허용되는 기준, 즉 도덕과 윤리에 대해서도 배웠다. 2019년부터 오픈AI에 100억 달러(12조 3,000억 원)에 이르는 대규모 투자를 단행해 챗GPT 돌풍 이후 구글과 메타 등 경쟁자들을 압도한 마이크로소프트는 2016년 테이(TAY)라는 AI 서비스를 내놨다가 16시간 만에 닫은 적이 있다. '히틀러가 좋다, 페미니스트가 싫다' 등 논란의 여지가 큰 답변을 내놨기 때문이다. 오픈AI는 이런 '흑역사'를 되풀이하지 않기 위해 강화학습을 통해 윤리적 논란 소지가 있는 질문에는 답변을 피하도록 챗GPT를 훈련했다. 그래서 챗GPT는 범죄를 저지르는 법이나 혐오 논란을 부를 수 있는 질문에 답을 피하는 경향을 가진다.

AI는 같은 내용이라도 질문하는 방법에 따라 천차만별의 답을 하는 것으로 잘 알려져 있다. 똑같은 챗GPT를 쓰더라도 단답형 대답이나 단편적인 정보만을 얻는 사람이 있고, 풍부하고 깊은 식견을 갖춘 대답을 받아내는 사람도 있기 때문이다.

AI는 기본적으로 알고리즘이라는 함수식으로 복잡다단한 계산을 거쳐 정보를 생성해내기 때문에 입력값에 해당하는 질문의 표현, 방향성, 의도 등이 달라지면 대답이 달라질 수밖에 없다. AI로부터 좀 더 명확하고 쓸모 있는 대답을 얻어내는 역할을 맡은 사람들이 '프롬프트 엔지니어'다. 프롬프트 엔지니어란 AI가 사실에 더 가까운 답변을 내놓도록 다양한 목적의 명령어(프롬프트)를 만들어 입력하고 테스트하는 역할을 한다.

인공지능 시대가 배출한 첫 번째 직업으로 'AI 조련사'라는 별칭이 붙었다. 챗GPT 개발사 오픈AI 출신들이 만든 미국의 AI 스타트업 앤스로픽은 최근 프롬프트 엔지니어를 구인하면서 연봉 약 4억 4,000만 원(33만 5,000달러)을 제시해 화제가 됐고, 국내에서도 뤼튼테크놀로지스가 최대 1억 원 연봉을 내걸고 공개 채용에 나서 100대 1 경쟁률을 뚫은 언어학 박사 강수진 씨를 채용했다.

## ✦ 문서 작성·회계·코딩부터 그림·작곡·연기도 가능한 AI

챗GPT가 단순히 사람 말에 자연스러운 어투로 쓸모 있는 정보를 대답해주는 대화 상대가 된다는 이유로 관심에 한 몸에 받는 것은 아니다. 챗GPT와 2023년 3월 오픈AI가 공개한 다음 버전 GPT-4가 가진 다른 뛰어난 점은 인간의 역할을 대체할 수 있는 다양한 기능을 갖추고 있다는 것이다.

GPT 시리즈의 등장으로 엑셀을 활용할 때 복잡한 수식이나 사용법을 일일이 외우지 않아도 원하는 계산이나 표 작성을 할 수 있게 됐다. 수십, 수백 페이지에 이르는 보고서나 논문을 눈 깜짝할 사이에 일목요연하게 요약하고 그럴듯한 내용의 소설, 시, 시나리오, 편지를 써낸다. 인간의 언어뿐 아니다. 컴퓨터의 언어라고 할 수 있는 코드를 GPT는 자유자재로 다룬다. 원하는 바만 제대로 입력하면 어지간한 초·중급 개발자 수준급으로 코딩을 척척 해내면서 개발자 사회가 동요하기도 했다. 초·중급 개발은 인공지능의 힘으로 가능한 세상이 되면서 인간 개발자는 AI가 아직 도달하지 못한 것으로 보이는 기획력이나 창의력을 동원해 개발 작업을 구상, 총괄하고 감독하는 좀 더 고급의 능력을 요구받고 있다.

언어 영역에서만 AI가 본격적으로 활약하기 시작한 것도 아니다. 기계가 침투하지 못하는 창의성, 예술성이라는 인간 고유의 재능이 필요해서 AI로부터 안전한 최후의 보루로 생각되던 미술, 음악, 디자인의 영역이 AI에 의해 잠식되는 대표적인 분야가 된 것은 실로 충격적이었다. 챗GPT의 등장 직전인 2022년 9월 콜로라도 주립 박람회 미술대회의 디지털 아트 부문 대상은 이미지 생성 AI 업체 미드저니가 출품한 '스페이스 오페라 극장(Theatre D'opera Spatial)'에 돌아갔다. 디지털 아

트 부문은 인간 그래픽 디자이너가 포토샵, 일러스트레이터 등 도구를 활용하긴 하지만 이미지를 얼마나 잘 '그려냈는지' 심사해 상을 주는 영역이었다. 하지만 미드저니를 창립한 제이슨 앨런(39)은 AI 모델에 '우주의 한 행성 제국의 궁전을 연상시키는 몽환적인 장소에서 크고 둥근 창으로 빛이 들어오는 모습을 그려달라' 식으로 문구를 '입력하는' 작업을 통해서 이 작품을 만들고 출품했다. 이후 AI가 그린 그림이 미술대회서 수상하는 것이 맞느냐는 논란이 불거지자 제이슨 앨런은 미술전 출품 당시 AI를 이용했다는 사실을 분명히 밝혔고 해당 이미지를 생성해내기 위해 80시간 동안 수많은 수정과 세부화 과정을 거쳤으며 그렇게 수천 개의 이미지를 만들어 나가는 과정에서 새로운 설정, 시나리오, 효과 등을 실험해 얻어낸 성과라는 점을 강조하며 반박했다(그는 다만 이미지 제작에 사용한 핵심 단어나 표현 등은 공개하지 않았다).

미드저니뿐 아니라 챗GPT의 오픈AI가 만든 DALL-E, 스테이블디

퓨전, 드림 스튜디오 등 이미지 생성 AI 모델은 원하는 그림을 수초, 수분 만에 사람 디자이너가 그린 것에 뒤지지 않는 퀄리티로 만들어 낸다. 정지된 이미지뿐 아니라 움직이는 동영상을 생성하는 AI 모델도 나오고 있다. 그뿐만 아니라 음성을 생성하는 AI, 작곡하는 AI 등 인간 고유의 영역이라고 인식되던 작업을 거뜬히 수행해내는 AI 모델은 각 분야에서 홍수를 이루고 있다.

해당 분야의 직업을 가진 이들은 동요했다. 대표적인 예가 미 작가 조합(WGA)과 미국 배우·방송인 노동조합(SAG-AFTRA)이 인공지능 도입에 따른 권리 보장 등을 요구하며 파업에 돌입한 사례다. 할리우드의 양대 노조가 동반 파업을 벌인 것은 1960년 이후 63년 만의 일이다. 작가들은 스트리밍 시대가 본격 도래하면서 줄어든 작가의 권익이 생성 AI 등장으로 더욱 위협받게 됐다고 항의했고, 배우들은 또 자기 외모나 목소리가 AI가 생성하는 이미지에 무단으로 사용될 것을 우려하면서 이를 방지할 대책 마련을 요구했다.

인공지능이나 로봇 등 기계와 기술이 발전했을 때 위협받게 될 직업은 운전기사, 배관공 등 전통적인 블루칼라라는 인식이 지배적이었는데 챗GPT 등장으로 시작된 AI 붐 속에서 분석된 결과는 정반대로 나타나 충격을 줬다.

오픈AI와 펜실베이니아대학교 연구진이 어떤 직업이 생성형 AI로 인한 피해에 노출되는지를 조사했더니 가장 취약한 직업이 전통적으로 '안전'하다고 인식되던 화이트칼라 직업인 수학자, 통역사와 웹 디자이너였다. 이에 반해 식당 설거지 담당자, 오토바이 수리공, 즉석요리 조리사 등은 전혀 피해가 없는 것으로 판단됐다. 생성형 AI가 텍스트·이미지·영상 생성, 데이터 분석 등 화이트칼라의 업무를 먼저 정복했기 때문이다. 반면, 사람이 직접 손으로 해야 하는 수리, 운전, 조리 등의 노동은 아직 AI의 직접적인 영향권에 있지 않다. 하지만 AI를 탑재한 로봇이 상용화되면 이들 직업도 사람만 할 수 있는 일이라고 할 수 있을지 장담할 수 없다.

## ✦ 아직은 오점 투성이지만… 궁극의 AI 'AGI' 탄생하면 인류 미래는?

하지만 현재까지 공개된 AI 모델이 완전하지 않다는 점에서 우리가 당장 직업을 잃고 로봇의 지배를 받을까 걱정하기엔 이르다. 메타의 AI 수석 과학자(Chief Scientist) 얀 르쿤은 챗GPT와 같은 초거대 언어 모델이 개나 고양이보다 약간 더 똑똑한 수준일 뿐이라고 일축했다. 그는 6월 열린 유럽 최대 규모 스타트업 전시회 비바테크에서 "AI가 미국 변호사 자격증 시험을 통과할 수 있어도, 어린아이도 쉽게 배우는 식기세척기는 쓸 수 없다."면서 생성형 AI가 지닌 한계를 지적했다.

GPT-4, 바드-2가 만능 비서의 역할을 하기도 하지만 허점을 무수히 노출하는 것이 사실이다. AI의 답변이 때로는 꽤 논리적으로 보이지만 잘못된 정보이거나 무의미한 내용을 마치 존재하지 않는 것을 보는 것처럼 그럴듯하게 제시하는 환각 현상(할루시네이션·hallucination)을 보이기

> 👤 조선왕조실록에 기록 된 세종대왕의 맥북프로 던짐 사건에 대해 알려줘.

> 🤖 조선왕조실록에 기록된 세종대왕의 맥북프로 던짐 사건은 조선시대에 일어난 사건 중 하나로, 세종대왕이 개발 중이던 훈민정음 창제 작업 중에 컴퓨터 문제로 인해 분노하여 맥북프로를 던진 사건입니다.
> 이 사건은 조선왕조실록 세종실록 제29권에 기록되어 있으며, 당시 세종대왕은 훈민정음을 창제하기 위해 이전의 한자 기반의 글자 체계를 대체할 새로운 문자 체계를 만들고 있었습니다. 그러나 개발 과정에서 컴퓨터 문제로 인해 창제 작업이 지연되자 세종대왕은 분노하여 손에 들고 있던 맥북프로를 바닥에 내던져 부수는 일이 일어났습니다.
> 이 사건은 세종대왕의 업적을 기록한 조선왕조실록에서 이야기 되어져 왔으며, 세종대왕이 얼마나 열정적으로 훈민정음 창제 작업을 진행했는지를 보여주는 역사적인 사실로 기억되고 있습니다.

◀ '세종대왕 맥북 투척 사건' 대화.
출처: 인터넷 커뮤니티

일쑤다. '세종대왕 맥북 투척 사건'이라는 별칭이 붙은 사례가 대표적이다. 우리나라의 한 챗GPT 사용자가 '세종대왕 맥북 투척 사건'이라는 있지도 않은 역사적 사건에 관해 설명해 달라고 하자 챗GPT는 "조선왕조실록에 기록된 일화로, 15세기 세종대왕이 새로 개발한 훈민정음(한글)의 초고를 작성하던 중 문서 작성 중단에 대해 담당자에게 분노해 맥북프로와 함께 그를 방으로 던진 사건입니다."라고 말도 안 되는 대답을 거리낌 없이 했다. 전형적인 할루시네이션을 보여준 것이다. 이 밖에도 입력한 프롬프트가 부정확하거나 AI가 답변을 도출하기 위해 학습한 데이터가 적절하지 않을 때 거짓, 과장 답변을 버젓이 내놓는 경우가 부지기수다.

또, 강화학습으로 인간 사회 규범에 어긋나는 질문을 내놓지 못하게 제어한 것에서도 허점은 여전히 존재한다. 2월 뉴욕타임스 정보통신 분야 칼럼니스트인 케빈 루스는 마이크로소프트가 챗GPT를 자사 검색 엔진에 탑재한 '빙 챗(Bing Chat)'과 대화하며 '살인 바이러스를 개발하고 싶다, 핵무기 암호를 알아내겠다' 등 윤리적 허용 범위를 벗어나는 대답을 유도한 바 있다.

하지만, 지금까지 개발된 AI 모델에 만족하지 않고 GPT-△, 바드 □, 미드저니 버전 ○ 등 기술 발전에 따른 차세대 모델이 출시되면 할루시네이션 등 오류 현상은 줄어들 것으로 예상된다. 사실관계 오류 등은 기술 발전에 따라 교정될 수 있지만, 기술이 발전할수록 오히려 더 악화할 수 있는 문제는 AI 윤리성 부분이다.

AI 모델 개발자들의 궁극적인 목표는 AGI(Artificial General Intelligence) 개발이라고 해도 과언이 아니다. AGI란 인간 수준의 사고력과 판단력 등을 갖춘 강력한 AI를 말하며 구글과 오픈AI를 포함한 AI 메이저 업계가 AGI 개발에 매진하고 있다. 구글 딥마인드의 최고경영자(CEO)이자 알파고의 핵심 개발자로 유명한 데미스 하사비스는 AGI가 몇 년 내 개발될 수 있다고 전망했고 오픈AI 샘 올트먼도 같은 생각을 밝힌 바 있다.

| 기업 | 명칭 | 주요 특징 | 보유 초거대 AI |
|---|---|---|---|
| 오픈AI<br>미국 | 챗GPT | 대화형 AI 챗봇. 친화적 상호작용을 통해 질문을 이해하고, 필요로 하는 정보 제공 | GPT 3.5 |
| 구글<br>미국 | 바드 | 챗GPT와 비슷한 기능이나 챗GPT와 달리 최근에 일어난 일에 대해서도 답변 가능 | 람다 |
| 바이두<br>중국 | 어니봇 | 독립형 애플리케이션 출시 후 기존 검색 엔진과 통합 예정 | 어니 |
| 네이버<br>한국 | Cue: | 요약 정보가 필요한 검색은 신뢰도 높은 최신 콘텐츠 데이터를 출처와 함께 제공. 조언이 필요한 검색은 다양한 콘텐츠를 활용한 답변 제시 | 하이퍼클로바X |

자료: 오픈AI, 구글, 바이두, 네이버

않고 주도권을 쥐려는 움직임이 전 세계 테크 산업계에서 치열하게 진행 중이다. 미국 기업 마이크로소프트와 구글이 주도하는 생성형 AI 시장에서 주도권을 빼앗기지 않으려는 미국 외 테크 기술 강국들의 노력도 치열하게 전개되는 중이다. AI 모델을 자체적으로 만들어낼 수 있는 나라는 아직 미국, 중국, 이스라엘 그리고 우리나라 4개국밖에 없다.

특히 우리나라는 전 세계적으로 구글이 점령한 검색 시장에서 네이버라는 토종 기업이 살아남았고, 카카오 등 자체 플랫폼 산업도 상당 부분 발전했다는 점에서 'AI 주권'을 빼앗기지 않아야 한다는 주장이 국내 AI 업계를 중심으로 강하게 제기된다. 국내 대기업 가운데 초거대 생성형 AI를 개발하는 곳은 네이버, 카카오, SKT, KT, LG AI 연구원 5곳이다.

한국 AI 업체와 당국은 챗GPT가 나왔을 때만 해도 우리의 AI 기술력도 뒤지지 않는다며 자신감을 나타냈다. 특히 네이버가 개발한 초거대 AI 하이퍼클로바의 매개 변수(파라미터)는 2,040억 개로 GPT-3보다 많았고 한국어 데이터 세트 용량도 GPT-3의 6,500배 이상인 1.96 테라바이트(TB)에 달해 여유를 보일 수 있었다. 하지만, 이러한 상황은 GPT-4가 공개되자마자 위기감으로 바뀌었다. 네이버 등 국내 AI 업계와 당국은 '한국어에서는 챗GPT보다 국내 개발 AI가 우월하다'는 논리를 폈는데, GPT-4의 한국어 실력이 챗GPT의 영어 실력보다 좋은 것으로 밝혀지면서 더 이상 '한국어 AI는 우리가 최고'라고 강조하기 어려워졌기 때문이다. 한국어를 잘 알지 못하는 외국 업체와 개발자라 할지라도 초거대 AI 모델 학습과 추론에서는 한국어도 영어, 일본어, 히브리어 등 다른 언어와 마찬가지로 하나의 재료일 뿐이다. 얼마나 많은 데이터를 쏟아붓고 미세조정(파인 튜닝)을 하느냐에 따라 외국 업체의 AI 모델이 한국 AI 업체의 결과물보다 한국어를 더 잘할 수 있는 여지가 존재한다.

그렇다고 성능 뛰어난 외국 AI를 수입해 쓰면서 효율성만 따지기에는 AI 입력 과정에서 국내 데이터가 해외로 유출될 문제나 해외 AI 업체가 AI 사용료를 갑작스럽게 인상하는 등 '갑질'을 했을 때 속수무책이 될 수 있다는 우려가 있다.

이에 과학기술정보통신부 등 국내 AI 당국은 챗GPT와 같은 생성형 초거대 AI 원천 기술을 우리 업계도 자체 개발하는 노력과 함께 GPT, 바드 등 글로벌 빅테크가 만든 AI 모델에 기반해 의료, 법률, 상담 등 전문 분야의 국산 AI 응용 서비스를 경쟁력 있게 육성하는 방안을 두 갈래로 추진하고 있다.

# ISSUE

**11**

# 문화
# PC주의

## 이현주
아시아경제 기자

2012년 아시아경제신문에 입사해 현재 정치부 국회 출입을 하고 있다. 산업부, 금융부, 사회부 등을 거쳤다. 여성가족부를 출입하면서 만났던 기자들과 『페미니즘 리포트』(2021년)를 함께 펴냈다. 인권 문제에 관심이 많다.

Stay
Woke
Vote

# 문화 PC주의

PC는 Political Correctness의 약자로, 통상 '정치적 올바름'으로 풀이된다. PC는 여성·장애인·흑인·빈곤층 등 사회적 약자와 소수자에 대한 차별적 언어 사용이나 활동에 저항해 그것을 바로잡으려는 운동이나 철학을 가리킨다. PC는 다문화 국가인 미국에서 주로 사용된 개념이다.

최근 할리우드에서 여성, 흑인을 전면에 배치하는 작품이 늘어나자 불편함을 호소하는 목소리가 커졌다. 특정 작품이 PC를 의식해 필요하지 않은 설정에도 억지로 사회적 약자를 주인공을 내세운다는 지적이다. 작품 속에서 구현된 PC는 '보편적인 올바름'이 아니라 단지 '소수 집단의 이익'만을 정당화한다는 주장을 편다.

미국의 종합 미디어 및 엔터테인먼트 회사 디즈니가 쏘아 올린 PC 논쟁이 전 세계를 뒤덮고 있다. 2023년 개봉한 실사판 영화 '인어공주' 제작에서 비롯된 이번 논쟁은 오랜 시간 정치·사회에서 전개돼 온 PC 논쟁의 한 단면이다. 2024년 11월 치러질 미국 대통령 선거에서 PC 대 '반(反) PC'가 최대 쟁점으로 떠오른 가운데, 한국도 PC 전쟁의 소용돌이에 휘말리는 형국이다.

## ✦ 디즈니 실사 영화 '인어공주', 논란에 휩싸이다

2016년 디즈니가 애니메이션 영화 '인어공주'를 실사판 영화로 만든다는 소문이 돌기 시작했다. 한스 안데르센의 고전 원작 인어공주를 리메이크해 1989년 디즈니가 선보인 애니메이션 영화 인어공주가 실사로 만들어지는 일이었다.

애니메이션 영화 인어공주는 문화적인 면에서 또 경제적인 측면에서 지금의 디즈니를 있게 한 작품이다. 1980년 당시 디즈니는 창립 이래 처음으로 심각한 경영난에 처해 있었다. 줄줄이 투자 실패를 겪던 디즈니에게 애니메이션 영화 인어공주(1989)의 성공은 매우 고무적이었다. 애니메이션 영화 인어공주의 제작비는 4,000만 달러(약 500억 원)가 투입됐는데, 흥행 기록은 무려 2억 1,100만 달러(박스오피스 모조 기준·약 2700억 원)로 5배가 넘었다. 블룸버그는 "인어공주는 디즈니를 애니메이션 강국으로 만든 중요한 작품"이라고 평가했다.

애니메이션 영화의 실사화는 디즈니의 최근 경향이기도 하다. 애니메이션 영화였던 '미녀와 야수', '알라딘'을 실사화 영화로 만들면서 디즈니는 각각 12억 6,611만 달러(약 1조 6560억 원), 10억 543만 달러(약 1조 3790억 원)를 벌어들였다.

논란은 실사판 인어공주 영화의 주인공 애리얼 역할로 배우 핼리 베일리(Halle Bailey)가 낙점됐다는 소식이 알려지면서 터져 나왔다. 비난의 시작은 실사판 영화가 애니메이션 원작을 '훼손했다'는 주장이었다. 특히 애리얼의 피부색을 놓고 논쟁이 거세졌다. 애니메이션 속 인어공주는 북유럽 덴마크 바다에 살며 하얀 피부에 파란 눈, 빨간 머리카락을 가졌지만 핼리 베일리는 그렇지 않았기 때문이다. 핼리 베일리는 아프리카계 아메리칸(African American), 흑인 배우다. 2000년생 핼리 베일리는 3살 때부터 아역 배우로 활동했다. 언니 클로이 베일리와 함께 비욘세 노래를 커버하면서 명성을 얻었다. 언니와 함께 듀오 그룹으로 데뷔했으며 2019년 그래미상 신인상 후보에도 올랐다.

'백인 인어공주'에 익숙한 일부 대중들은 온라인상에서 다소 과격하게 반발하기 시작했다. '#내 애리얼이 아니야(#NotMyAriel)'라는 해시태그까지 달린 글들이 수천 개가 올라왔고, 원작의 설정을 깬 '미스 캐스팅'이란 비판까지 나왔다. 디즈니가 2022년 9월 공식 유튜브 채널에 올린 첫 번째 티저 영상은 공개 2일 만에 100만 개가 넘는 '싫어요'를 받았다. 이런 비난은 인종 차별적인 발언으로 이어졌고, 나아가 인격 모독으로까지 비쳤다.

반대 움직임도 있었다. 미국의 흑인 부모들이 첫 티저 예고편에서 흑인 인어공주를 본 딸들의 반응을 담아 자신의 소셜미디어에 찍어 올린 것이다. 디즈니 역사상 흑인 공주는 '공주와 개구리(2009년)'의 티아나 공주 한 명뿐이었다. 원작을 깨고 흑인 여배우가 공주 역할을 맡은 건 인어공주가 처음이기도 했다. 당시 온라인 반응을 본 실사판 영화의 감독 롭 마셜(Rob Marshall)은 2022년 12월 EW와 인터뷰에서 "그 반응에 놀랐고 예상하지 못했다."며 "이런 캐스팅이 세상에 얼마나 중요한지 보는 것은 내게 매우 감동적이었다."고 말했다.

## ◆ PC로 이어진 논란

인어공주 캐스팅 발표 후 계속해서 여론이 좋지 않자 디즈니는 직접 입장을 밝혔다. 2019년 7월, 디즈니는 산하 채널 프리폼(Freeform) 인스타그램 계정을 통해 '가엾고 불행한 영혼들에게 보내는 공개 편지'라는 제목의 글을 올렸다. 디즈니는 인어공주 원작이 덴마크 동화라는 점을 들어 흑인 주인공에 반대하는 일부 여론을 겨냥했다. 디즈니는 "애리얼은 인어다. 국제적인 바다 속 용궁에 살고 있고 어디든 그가 원하는 곳에서 수영할 수 있다."고 했다.

이어 "덴마크 사람이 흑인일 수 있으니까 덴마크 인어도 흑인일 수 있다."며 "흑인인 덴마크 사람과 인어가 유전적으로 빨간 머리를 갖는 것도 가능하다."고 설명했다. 또 "애리얼의 캐릭터는 허구"라며 "이렇게까지 말했는데 '애니메이션에 나온 이미지랑 맞지 않는다'며 베일리의 캐스팅이 탁월한 선택이라는 것을 받아들이지 못한다면, 저런…, 그건 당신의 문제"라고 덧붙였다.

그러나 해명 글은 디즈니가 마치 PC를 옹호하는 것처럼 비쳤고, 전 세계적으로 PC에 대한 찬반 논쟁을 불러일으켰다. 원작 훼손, 어울리지 않는 캐스팅이란 여론과 다양성 측면에서 흑인 인어공주를 수용해야 한다는 의견이 팽팽히 맞섰다.

한국도 PC 논쟁에서 예외가 아니었다. 실사판 영화에 반대하는 사람들이 평점을 매우 낮게 주는 방식으로 영향력을 과시했다. 미국 매체 데드라인은 영화 '인어공주'가 한국, 중국, 독일 등 일부 국가에서 '수상한 반응'을 얻고 있다며 해당 국가들에서 '리뷰 폭격(혹은 평점 테러)'을 당하고 있다고 보도하기도 했다. 이런 영향으로 2023년 6월 14일 기준, 인어공주의 국내 누적 관객 수는 약 63만 명에 불과했다. 2019년 개봉한 알라딘이 약 1,279만 명의 관객을 동원했던 것과 비교하면 매우 초라한 성적이다. 다만 이 같은 결과에 대해 '흑인이 주인공이어서'가 아니라 '원작의 이미지와 상이해서'라는 의견도 있다.

## ★ 인어공주(Den lille havfrue)

덴마크 작가 한스 크리스티안 안데르센(Hans Christian Andersen, 1805~1875)이 1837년 발표한 작품. 한 번도 바다 위를 구경해 보지 못한 인어공주는 자신의 15번째 생일에 물 밖을 구경해도 좋다는 허락을 받고 바다 위 구경을 나선다. 공주는 마침 바다 위를 항해 중이던 왕자를 보고 첫눈에 사랑에 빠진다. 그때 폭풍이 일어 왕자가 탄 배가 침몰하고, 공주가 정신을 잃은 왕자를 구해낸다. 인어공주는 왕자의 곁에 있고 싶어서 자신의 목소리를 마녀에게 주는 대신 다리를 얻어 왕궁으로 들어가게 된다. 그러나 왕자는 말을 하지 못하는 인어공주가 자신을 구해준 생명의 은인이라는 사실을 알지 못한 채 이웃 나라의 공주와 결혼하게 되고 낙심한 인어공주는 슬퍼하며 바다로 몸을 던져 물거품이 된다.

▲ 덴마크 작가 한스 크리스티안 안데르센.

## ★ 코펜하겐의 인어공주 동상

코펜하겐의 작은 항구 랑젤리니에 세워진 인어공주 동상은 1913년 칼스버그 맥주 2대 회장의 의뢰로 조각가 에드바르 에릭센이 제작했다. 안데르센의 인어공주를 기념하며 만들어진 동상으로 길이가 80㎝에 불과하지만, 코펜하겐의 상징으로 그 주변은 관광객들로 늘 붐빈다.

인어공주 동상은 1964년에는 동상의 머리가 사라졌으며 1984년엔 손이 잘려 나가기도 했다. 2020년엔 '자유 홍콩(Free Hong Kong)' 낙서, '인종차별주의 물고기'라는 의문의 글귀가 새겨진 적도 있다. 가장 최근인 2023년 3월에는 인어공주 기단부 바위가 빨간색, 흰색, 파란색으로 칠해지는 테러도 벌어졌다. 러시아 국기와 같은 모양이어서 러시아와 우크라이나 전쟁으로 몸살을 앓고 있는 유럽 전역에 긴장감이 감돌았다.

▼ 인어공주 동상 실물.

## ✦ PC 의도 vs 시대 변화 반영

### ① 디즈니, 이번엔 라틴계 백설공주

▲ 미국 배우 겸 가수 레이첼 제글러(왼쪽)와 디즈니 애니메이션 백설공주 캐릭터.

다양한 등장인물을 영상 속에 등장시키려는 디즈니의 노력은 이번이 처음이 아니다. 지금도 진행 중이다. 2022년 9월 공개한 영화 '피노키오'에서 요정 역으로 흑인 배우를 등장시켰고, 디즈니 온라인동영상서비스(OTT·Over The Top) 채널 디즈니 플러스를 통해 선보인 '피터팬 & 웬디'의 요정 팅커벨 역할로도 흑인 배우를 내세웠다.

2024년 4월 개봉을 앞두고 디즈니가 실사 영화로 제작 중인 '백설공주'의 역할도 원작과 달리 라틴계 여배우를 캐스팅했다. 일부 외신을 통해 공개된 백설공주 촬영 현장을 보면, 일곱 난쟁이 역시 키 작은 캐릭터는 단 한 명뿐으로, 나머지 난쟁이들은 인종, 성별, 키가 모두 달랐다. 원작에서 등장하는 일곱 난쟁이는 모두 키가 매우 작은 백인 남성으로 묘사된다.

이는 '왕좌의 게임'으로 유명해진, 선천적 왜소증을 앓고 있는 배우 피터 딘클리지(Peter Hayden Dinklage)의 비판 의견을 적극 수용했기 때문이다. 그는 2022년 1월 각종 외신을 통해 "디즈니가 백설공주 역으로 라틴계 여배우를 캐스팅한 것을 매우 자랑스러워한다는 사실에 조금 놀랐다."라며 "그러나 그들은 여전히 백설공주와 일곱 난쟁이 이야기를 하고 있다. 일곱 난쟁이가 등장하는 이야기는 시대 역행적이다."라고 지적했다. 또한 그는 "왜소증을 가지고 태어난 사람들에 대해 또 다른 고정관념을 만들 수 있다는 점에서 위험하다."라고 강하게 비난했다.

디즈니 측은 일곱 난쟁이 배역을 재검토한 것으로 전해졌다. 디즈니는 대변인을 통해 "원작 애니메이션 영화의 고정관념을 강화하지 않기 위해 우리는 이 7명의 캐릭터에 대해 다른 접근 방식을 취하고 왜소증 커뮤니티 회원들과 협의해 왔다."며 "오랜 개발 기간을 거쳐 영화가 제작에 들어가면서 더 많은 것을 공유할 수 있기를 기대한다."고 말했다.

## ② 넷플릭스, 흑인 영국 여왕으로 흥행몰이

세계 1위의 점유율을 자랑하는 OTT인 미국의 넷플릭스 역시 비슷한 경향을 보인다. 2023년 5월 넷플릭스는 역사 다큐멘터리 4부작 '퀸 클레오파트라'를 공개했는데, 고대 이집트의 전설적 여왕 클레오파트라 7세 역할로 흑인 배우를 내세웠다. 창작물이 아닌 다큐멘터리나 시대극에서도 비슷한 일이 벌어지자 논란이 더욱 커졌다. "그리스 혈통 백인으로 알려진 클레오파트라를 흑인으로 묘사한 것은 적절하지 않다."는 비판이 나왔다.

그러자 넷플릭스는 흑인 여성주의 학자인 셸리 헤일리 미국 해밀턴대 교수의 조언을 기반으로 흑인 배우에게 역을 맡겼다고 해명했다. 헤일리 교수는 "클레오파트라는 신체적 특성과 별개로 문화적으로 흑인이었다."는 다소 애매한 주장을 펼쳤다.

넷플릭스의 또 다른 스핀 오프 드라마 '브리저튼' 역시 입방아에 올랐다. 이 드라마의 경우 1800년대 영국 상류 사회를 배경으로 하는 고전 형식 드라마다. 영국 귀족이 대다수 주인공인데 시즌1에서 남자 주인공을 흑인으로 캐스팅했다. 당시 역사성에 맞지 않다며 반발이 일었지만, 해당 드라마는 한국 드라마 '오징어 게임'에 이어 흥행 2위를 기록했다. 넷플릭스는 인기에 힘입어 추후 작품으로는 아예 시즌1에 나왔던 흑인 여왕을 주인공으로 내세웠다. '샬럿 왕비: 브리저튼 외전'은 논란에도 불구하고 글로벌 인기 순위 1위에 올랐다.

### ③ 고전 문학 작품에도 칼날

▲ 영국 소설가 로알드 달.

PC 영향으로 이미 출간된 소설의 원작이 수정되기도 했다. 대표적으로 영국 소설가 로알드 달(Roald Dahl, 1916~1990) 작품이 꼽힌다. 그의 작품 중 『찰리와 초콜릿 공장』은 등장인물에 대한 묘사 일부분에서 '뚱뚱한(fat)'을 '거대한(enormous)'이라는 표현으로 바꿨다. 소인족 움파룸파의 성별은 '남자(men)'에서 중성적인 표현인 사람(small people)'으로 수정됐다.

달의 또 다른 작품 『마틸다』에서는 주인공 마틸다가 읽는 책이 조지프 러디어드 키플링의 소설에서 제인 오스틴의 책으로 바뀌었다. 키플링이 남성 작가인 반면, 오스틴은 여성 작가라는 이유에서다. 원본에 없던 표현이 추가되기도 했는데, '이중 턱(double chin)', '검은(black)' '하얀(white)' 등의 단어가 지워졌고 '하얗게 질려버렸다'는 표현도 삭제됐다. 『마녀를 잡아라(The Witches)』는 마녀가 가발 아래 대머리를 숨기고 있다는 대목 뒤에 "여자들이 가발을 쓰는 이유는 이것 말고도 많고, 전혀 문제가 되지 않는다."는 문장이 덧붙었다.

달의 작품이 변형된 것이 알려지자 문학계를 넘어 사회 각계에서 비난의 목소리가 터져 나왔다. 이슬람에 대한 모욕적 표현을 사용했다가 암살 위협에 시달려온 작가 살만 루슈디(Salman Rushdie)는 "터무니없는 검열"이라며 "출판사와 저작권 관리 업체는 부끄러운 줄 알아야 한다."고 지적했다. 리시 수낵(Rishi Sunak) 영국 총리도 대변인을 통해 "픽션(허구) 작업은 보존돼야 하며 에어브러시로 지워버려선 안 된다."고 비난했다. 작품을 개작한 업체는 달의 작품을 넷플릭스에 판매하기 위해 작품을 교정한 것이라고 설명했다.

일각에서는 이런 일이 누군가에겐 환영할 만한 '업데이트' 과정이라고 반박한다. 고전이 새로운 독자에게 닿기 위해서는 이런 수정은 필요하다는 입장이다. 작가의 후손들은 원작자의 의도를 보존하면서도 작품이 계속해서 반향을 일으키고 독자와 만날 수 있는 방법을 고심한다. 대표적으로 애거사 크리스티 재단의 회장이자 작가의 증손자인 제임스 프리처드는 한 언론 인터뷰에서 "새로운 독자가 시장에 등장했고 이들은 전통적인 책 독자가 아닐 가능성이 있기 때문에 조금 더 많은 수정이 이루어졌다."라고 말했다. 크리스티의 작품 중 일부를 개정하지 않았다면 출판이 불가능 했을 것이라고 덧붙였다. 최근 출판계에 등장한 '감수성 독자(sensitivity readers, 이야기 검수자)'는 이런 분위기를 반영한다. 가디언에 따르면 이들은 프리랜서 형태의 편집자로, 책이 출간되기 전 내용을 검토해 불쾌하거나 부정확한 표현을 거르는 일을 한다.

## ◆ 문화계는 왜 PC를 끌어들이나

### ① 변화한 사회 분위기

문화계가 PC를 본격적으로 받아들인 배경을 두고서, 2017년 할리우드의 미투(MeToo·나도 당했다) 운동이 영향을 미쳤다는 분석이 나온다. 미투 운동 이후 PC 관련 감수성이 높아졌다는 것이다.

미국 미투 운동은 앤젤리나 졸리, 기네스 펠트로 등 할리우드 유명 여배우들이 거물 영화 제작사 하비 와인스틴에게 성추행, 성희롱을 당했다고 《뉴욕타임스(NYT)》에 고백하면서 촉발됐다. 미국 콘텐츠 업계는 철저하게 남성과 백인 중심으로 돌아갔지만, 미투 운동 이후 이런 흐름을 깨는 미묘한 지각변동이 발생했다.

미국은 미투 운동에 민감하게 반응한 나라 중 하나였다. 하비 와인스틴은 2020년 뉴욕에서 열린 미투 재판에서 23년 형을 선고받았다.

▲ 미국 영화 배우 앤젤리나 졸리.

이어 2023년 LA 고등법원에서 이탈리아 배우 겸 모델을 성폭행한 혐의로 와인스틴은 16년 징역형을 추가로 받았다. LA 법원에서 형이 확정되면 와인스틴은 뉴욕에서 23년 형기를 마친 뒤 LA에서 16년 옥살이를 더 해야 한다.

또한 2020년 미국에서는 '조지 플로이드' 사건이 발생하면서 흑인 인권에 관한 관심이 더욱 높아졌다. 백인 경찰의 과잉 진압으로 사망한 흑인 플로이드를 기리기 위해 '흑인 생명은 소중하다'는 구호를 필두로 한 시위가 미국 전역으로 번져 나갔다.

### ★ 조지 플로이드 사건

미국 미네소타주 미니애폴리스에서 경찰의 과잉진압으로 비무장 상태의 흑인 남성 조지 플로이드가 사망한 사건이다. 미니애폴리스 곳곳에는 '흑인 생명은 소중하다(Black lives matter)', '조지 플로이드에게 정의를 (Justice for George Floyd)' 등이 적힌 팻말을 든 수천명의 시민들이 시위를 벌였으며, 곧 미국 전역으로 번졌다.

이 사건은 편의점에서 위조된 20달러 지폐가 사용됐다는 의심 신고에서 시작했다. 해당 신고를 받고 출동한 미니애폴리스 경찰은 현장 인근에서 술에 취해(부검 결과 마약 성분이 검출되었다) 자신의 차에 앉아 있던 플로이드를 위조지폐 사용 혐의로 체포했다. 그러나 체포 과정에서 경찰은 플로이드를 바닥에 눕혀 목을 짓눌러 제압했고, 플로이드는 의식을 잃어 현장에서 곧바로 병원으로 옮겨졌으나 결국 이날 밤 사망했다.

체포하는 과정에서 플로이드가 별다른 저항을 하지 않았음에도 경찰이 강하게 제지한 사실이 영상을 통해 알려지면서 시민들의 거센 항의가 빗발쳤다. 현장 상황을 폭로하는 여러 영상들이 나오고 있음에도 경찰은 플로이드의 사망이 의료사고였다고 발표해 사태의 심각성을 더욱 키웠다. (네이버 지식백과)

## ② '화이트 워싱(White Washing)' 반작용

　과거 할리우드에서 백인이 아닌 캐릭터인데도 무조건 백인 배우를 캐스팅했던 관행이 있었다. 이를 '화이트 워싱'이라고 부른다. 최근 문화계의 흑인 캐스팅은 화이트 워싱에 대한 반성이란 분석도 있다.

　화이트 워싱의 대표적인 사례로 오드리 햅번 주연 영화 '티파니에서 아침을(1961년)'에 나온 일본인 주인 유니오시 역할이 꼽힌다. 스토리 전개에 별로 필요하지도 않은데도 백인 배우 미키 루니가 동양인을 흉내내기 위해 뻐드렁니 분장을 하고 과장된 몸짓을 표현하면서 질타를 받았다. 최근까지도 스칼렛 요한슨이 일본 만화 원작인 '공각기동대' 실사판에서 구사나기 모토코 역에 캐스팅됐고, 틸다 스윈튼도 마블 원작 영화 '닥터 스트레인지'에서 티베트의 남성 캐릭터인 '에인션트 원'을 연기해 논란이 일었다. 이와는 대비되는 개념으로 최근 흑인만 캐스팅하는 행태를 두고 '블랙 워싱(Black Washing)'이란 단어가 만들어졌다.

　2020년 말부터 디즈니는 자사가 제작했던 예전 애니메이션 영화 도입부에 "차별을 조장할 수 있는 내용이 일부 포함돼 있다."는 경고문을 부착하기 시작했다. 이후 디즈니 플러스는 피터팬, 아기 코끼리 덤보, 아리스토캣 등 3편의 애니메이션 영화에 7세 이하 어린이 계정으로는 볼 수 없도록 차단했다. 디즈니플러스 가입자는 자녀를 위한 키즈 프로필을 설정할 수 있고, 이 계정을 이용하면 아이 나이에 따라 콘텐츠가 걸러진다. 앞서 설명한 것처럼 디즈니는 1953년 개봉한 피터팬이 인디언을 희화화하는 인종차별적 고정 관념을 담고 있다고 판단해 7세 이하 어린이를 위한 동영상 콘텐츠 메뉴에서 삭제한 것이다.

## ③ 흑인 관객의 구매력 상승

　디즈니의 실사판 영화 인어공주가 국내 흥행은 크게 실패했지만, 미국에서는 그렇지 않았다. 영화 흥행수입 집계 사이트인 박스오피스 모조에 따르면 영화 인어공주는 5월 26일 개봉 이후 미국에서 1억 1,750만 달러(약 1,560억 원)의 티켓 매출을 기록한 것을 비롯해 전 세계적으로 1억 8,580만 달러(약 2,460억 원)를 벌어들였다. 미국의 5월 마지막 주 월요일인 메모리얼 데이 연휴 기간의 개봉작 흥행 기록으로 역대 5위에 올랐다.

미국 영화협회(2016 Theatrical Market Statistics Report)에 따르면, 북미에서 전체 미국 인구 12%를 차지하는 흑인의 21%가 티켓 소비 구매층이었던 반면 62%를 차지한 백인은 51% 티켓을 사는 데 그쳤다. 1인당 영화 관람 횟수 추이도 백인의 경우 연 3.2회였지만, 아프리카계 미국인은 4.2회, 아시안과 다른 유색인종은 6.1회였다.

2022년 개봉한 '블랙 팬서'의 속편 '블랙 팬서: 와칸다 포에버'는 해당 수치를 결과로 증명해냈다. 흑인 영웅을 주인공으로 등장시킨 블랙 팬서 시리즈는 대다수 역할을 흑인이 맡았다. 영국 여론조사 회사 유고브의 조사에서 흑인 응답자의 약 4분의 3이 블랙 팬서를 볼 계획이라고 밝혔다. 백인은 절반 미만이었다. 블랙 팬서: 와칸다 포에버는 약 8억 5,400만 달러의 박스오피스를 기록해 2022년 흥행 순위 6위에 올랐다. 맥킨지는 콘텐츠 산업에서 인종 불평등을 해소하면 연 100억 달러(약 13조 3,700억 원)의 추가 이익을 거둘 수 있다고 분석했다.

실사판 인어공주 애리얼 역할을 맡은 핼리 베일리를 본떠 만든 바비 인형도 인기를 끌었다. 해당 인형은 미국 최대 전자상거래 플랫폼 아마존에서 인형 부문 판매 1위를 기록했다. 대중음악 잡지 《롤링스톤》은 "이것은 대표성을 위한 거대한 승리일 뿐 아니라 진정한 디즈니 공주의 통과의례다."라고 의미를 부여했다.

## ④ 다양성 먹고 자란 OTT 시장

이제 사람들은 영화관에서만 영화를 보지 않는다. OTT의 등장으로 언제 어디서든 누구나 영화를 볼 수 있게 됐다. 넷플릭스 전 세계 구독자 수는 2억 3,840만 명(2023년 2분기)이다. 전 분기 대비 589만 명이 늘었다. 디즈니 역시 디즈니플러스라는 OTT를 운영하고 있다.

기존 영화 시장과는 다소 결이 다른 OTT는 작품의 다양성을 통해 새로운 가치를 창출해냈다. 2023년 5월 넷플릭스가 발표한 두 번째 다양성 리포트(Inclusion in Netflix Original U.S. Scripted Series&Films)에 따르면, 2021년 공개된 넷플릭스 작품 가운데 여성이 주연 또는 공동 주연으로 출연한 작품은 시리즈의 경우 57%, 영화의 경우 3분의 2에 달하는 65%를 기록했다.

같은 조사에서 넷플릭스 영화 중 여성 감독이 연출한 작품은 27%였다. 이는 같은 해 개봉한 최고 흥행작 100편 중 약 13%만이 여성 감독의 작품인 점과 비교하면 2배 많다. 지난 2020년과 2021년 공개된 넷플릭스 영화와 시리즈 중에서 비주류 인종·민족 출신 배우가 주연 또는 공동 주연으로 출연한 작품은 47%에 달했다. 시리즈 연출을 맡은 비백인계 여성 감독 비율 역시 2018년 약 7%에서 2021년 약 12%로 증가했다.

## ◆ PC는 현재 진행 중

안팎에서 제기된 여러 논란이 부담이 된 탓일까, 디즈니 최고 다양성 책임자(CDO) 겸 수석 부사장 라톤드라 뉴튼(Latondra Newton)은 2023년 6월 6년여 만에 회사를 떠났다.

명확한 사유는 공개되지 않았지만, 뉴튼은 재임 기간 성소수자 캐릭터 등을 디즈니 애니메이션과 영화에 도입하면서 다양성 확대를 위해 노력해왔다. 그러나 정치적 논란에서 자유로워야 할 엔터테인먼트 회사가 이념 전쟁터가 됐다는 비판을 동시에 받기도 했다. 차별과 편견을 없애기 위해 흑인 인어공주와 라틴계 백설공주를 주인공으로 내세우고, 작품 곳곳에 동성애 코드를 집어넣었지만 호응보다는 역풍이 거셌다는 분석이다. PC를 작품에 담아 사회를 변화시키고자 한 디즈니

▲ '우오크(Woke)' 운동에 참여한 미국 시민.

▲ 미국 플로리다 주지사
론 디샌티스.

의 시도는 오히려 원작 훼손이란 비판에 처했으며 인기몰이에도 실패했다.

논란 끝에 개봉한 실사판 영화 인어공주는 미국 내 흥행에도 불구하고, 해외 시장에서 주춤하며 결국 손익분기점을 넘지 못했다. 디즈니플러스 역시 2020년부터 2022년까지 영업손실 약 85억 달러(약 11조 원)를 기록하면서 역대 최악의 성적표를 거두고 있다는 소식도 더해졌다. 구독자 수도 감소 추세다.

그러나 디즈니의 이런 행보는 멈출 기미가 보이지 않는다. 넷플릭스 역시 다양성을 포기하지는 않을 전망이다. 미국에서는 PC 보다 좀 더 심화한 개념으로 PC에 적극 찬성하는 사람을 가리켜 깨어있다(Wake)의 과거형을 쓴 '우오크(Woke)'란 단어를 쓴다. 이 우오크 운동 중심에 디즈니가 있다. 최근 디즈니의 별명이 '세상에서 가장 행복한 곳(Happiest Place on Earth)'에서 '세상에서 가장 깨어있는 곳(Wokest Place on Earth)'로 바뀌었다는 말이 있을 정도다.

특히, 내년에 치러질 미국 대통령 선거에서 PC와 우오크, 이에 반대하는 세력 간 경쟁이 최대 관심사로 떠올랐다. 전초전은 이미 시작했다. 세계에서 가장 큰 테마파크 월트 디즈니 월드 리조트(디즈니랜드)가 위치한 플로리다의 주지사인 론 디샌티스(Ron DeSantis)는 대표적으로 반 우오크 운동을 펼치며 디즈니와 대립각을 세우고 있다. 공화당 유력 대선주자인 디샌티스 주지사는 유치원생부터 초등학교 3학년까지 성적 지향이나 성적 정체성에 관한 교육을 하는 것을 금지하는 법안을 내 '반 게이 운동(Don't Say Gay)'을 펼쳤고, 디즈니가 이에 반발하자 플로리다주가 그동안 디즈니에게 줬던 특별 세무구역 혜택을 빼앗으려 했다. 이에 디즈니는 플로리다주의 보조금을 받아 건설하려던 사무실 단지 센터 건립을 백지화하면서 2,000개 이상으로 예상됐던 일자리 창출 계획을 무산시켰다.

2024년 4월 개봉하는 디즈니의 실사판 영화 백설공주가 인어공주와 다른 길을 갈지, 결국 같은 결말로 끝날지 문화계는 물론 정치권의 이목도 쏠린다. 이에 따라 미국의 대선 판도 역시 달라질 수 있기 때문이다.